王虹 章小龙 著

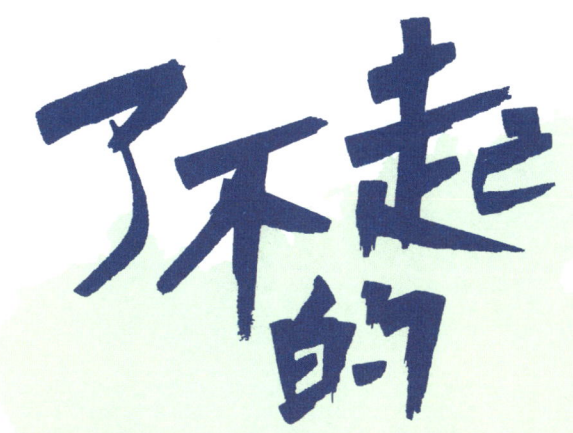

从顶尖学府到基层一线的扶贫故事

序　言

　　几年前，我们曾在广西、云南、四川等西南地区的国家级贫困县进行了半年左右的深度采访，接触到大批扶贫一线的干部，在其中发现了一个非常特殊的群体——

　　他们清一色的青春洋溢，全都是80后甚至还有90后，正处于人生中最美好的年龄阶段，也是最华彩的奋斗阶段；

　　他们清一色地毕业于国内顶尖名校，绝大多数拥有硕士或博士研究生学历，是常人口中那种学霸中的学霸；

　　他们还清一色的都是年轻的共产党员，绝大多数在大学期间入党，是有着多年党龄的"老党员"；

　　这批年轻人个个学有所成，见识丰富，英姿勃发，踌躇满志，无论是理论素养还是实践能力都表现卓越。更加引人注目的是，他们清一色地为自己的人生做出了不同凡响的选择。

　　当今社会有一种倾向，考入名校、出国深造、供职大公司、跻身精英阶层，这样一条人往高处走的成功道路似乎成了人人趋之若鹜的必然选择和价值标准，就算忍受再大的焦虑和压力，也要在这条跑道上争先恐后。但是偏偏就有一群特殊的年轻人，明明已经跻身了最顶尖的高校，是这条跑道上被证明了的胜利者，是精英中的精英，最终却要逆着潮流，返身向下，主动选择进入基层，进入乡村，将自己的生命之树植根于广沃的乡野泥土中。他们在锻炼自己的同时也在用自己的学识和能力为社会尽力，为民众谋福。——曾经贫困的山乡在他们的手中一点一点地改变着面貌，一批又一批的乡民在他们的帮助和带动下逐渐找到了致富的道路，生活发生了翻天覆地的变化。他们奉献着自己的青春、汗水，甚至是生命，用行动演绎着属于他们的青春奋斗，诠释了什么是责任与担当，期待着以这样的方式实现自己的理想，令自己的人生闪光。

他们拥有一个共同的身份——定向选调生。

定向选调生计划是一项各省区市党委组织部实施多年的人才政策。

从 2011 年起，为了吸引高素质人才向西部欠发达地区流动，充实那里的干部后备力量，中组部批准广西、新疆等少数民族地区以清华大学和北京大学这两所中国最顶尖的高校为试点，从应届毕业生中选拔品学兼优的应届大学本科及其以上的毕业生，以定向选调生的身份充实到当地，加强青年干部的后备力量。广西第一年就招录了 93 名定向选调生，绝大部分是硕士和博士。

后来，全国范围内实施定向选调生政策的省份越来越多，招收的范围也从北大、清华逐渐扩大到人大、浙大、复旦、南大等 985 头部学校，吸引了越来越多优秀青年学子加入其中。他们在投身基层建设、优化干部队伍，特别是扶贫攻坚中发挥了重要的作用，取得了卓越的成绩。

此项政策执行迄今已逾十年，仅广西一地就有定向选调生 2000 多名。那里的大部分地区是国家扶贫开发工作的重点县或石漠化片区县，自然地理、自身发展落后等致贫因素交织重叠，贫困程度深，许多地方是困中之困，贫中之贫。"要挑战就要挑最难啃的硬骨头"！这些从顶尖学府走出的年轻人，正是抱着这样的坚定信念来到了这里。他们战斗在扶贫一线的身影，是全国上万名定向选调生的缩影，极具代表性；他们扶贫的地方，也是全国贫困程度极深的地区，成果愈发重要与珍贵。

我们用了一年多的时间，深入到广西的百色、南宁、梧州、来宾、凌云、上林、马山、田林、都安、浦北、扶绥等市县，沿着选调生的足迹，深入他们生活和奋斗的地方，实地采访了几十名当事人，从中选取了具有代表性的 11 人作为本书的主要表现群体。

有人说现在的年轻人都很现实，最大的理想就是怎么让自己的小日子过得更好。似乎当下的年轻人很难有前辈的那种理想，甚至认为理想本身什么都不是，只是一种个人欲求的文艺表达而已。只有在为"两弹一星"研制所付出过巨大努力的先辈身上才可能再现那些令人血脉偾张的理想主义的青春激情。

但是，我们采访到的这些定向选调生，这群现实生活中鲜活存在的青年知识分子，他们的故事和经历令人信服地证明，当下的时代就是放飞青春激情的最好时代，它不是理想主义的末路，理想主义者在当下不曾孤独。

他们生长于 20 世纪末的中国，没经历过开天辟地的革命战争，没经历过新中国创立初期那种以奉献自豪的激情年代，没经历过改革开放经济建设的曲折和沧桑，没经历过恢复高考、又能通过知识改变个人命运的那种巨大的喜悦和满足……但是，他们同样渴望像前几代人那样，在特殊的时代背景下铭刻自己的青春印记，成长为国之栋梁。他们深知自己面对的大时代已经走到了中华民族伟大复兴的新阶段，他们思考的，是究竟应该向着什么方向去努力，才能在完成时代使命的过程中留下自己的印记，究竟做什么事，才能具有像当初赢得革命战争胜利、像"两弹一星"研制成功那样的惊天动地,值得他们更具理想主义色彩地去献身和牺牲。

对于这批选调生来说,几乎在他们开始参加工作的同时,中国共产党定下了彻底消除绝对贫困的伟大目标,这批年轻人从头到尾地赶上了这趟历史列车。他们奋斗在社会的基层一线,或挂职乡村第一书记,或任职乡镇长,从最基础的工作做起,一点一滴,一步一个脚印,亲手带领自己所在的地方实现了脱贫摘帽,同时也以这样的方式完成了自我成长与成才。

他们中有人原本就出身农村基层,又以参加扶贫工作的方式反哺自己成长的乡村,反哺曾经关爱过自己的父老乡亲;也有更多的生长于大中城市,很多人家境良好,甚至还有条件优越的"富二代",但他们不约而同地投身到了扶贫一线的工作,并以此为荣。

从二十四五岁到三十岁出头,这是人生最美好的一段青春岁月,他们把这段岁月放在了乡间地头,放在了山岭、河边,在完成书写职业生涯成长经历的同时,也在完成着个人生活的根本转变,他们恋爱、结婚、生子……他们从男孩成长为肩挑责任的男人,从女孩变成女干部兼人妻、人母……

几年来,他们在乡村基层辛苦付出、锻炼成长,他们经历痛苦和失去,也经历欢笑与收获。尤为难得的是,他们在这么青春的年纪就体验到了艰苦奋斗、奉献付出所带来的充实、成就和满足。

采访中我们不止一次地听到他们说:

——这次全国性的扶贫工作多伟大啊!不仅在新中国史上,就是在几千年中国历史中也是绝无仅有的。能亲身参与并见证这次伟大的脱贫工程，挺骄傲的，挺光荣的！……

——当我们收获村民们质朴而真挚的关怀和喜爱，当我们看到自己亲手绘制的蓝图得以实现，看到山乡面貌巨变，那么多村民摆脱贫困过上富裕生活……那种满足感和成就感，无与伦比！……

这是一群可爱的年轻人。打动我们的，不仅是他们的才华、性情和样貌风采，还有他们面对挫折不急不躁，对付困难像做题般举重若轻……

这是一群可敬的年轻人。他们充满热情和勇气，有着顶级的知识和素养，却没有因此充满矜骄之气，敢于吃苦，乐于奉献，植根基层，踏踏实实从最基础的工作干起；他们关心群众，关心社会，与所谓的"精致的利己主义者"有着天壤之别……

这是一群可信的年轻人。他们才华横溢，素质全面，他们全新的知识结构，代表着未来社会的发展方向。尤为难能可贵的是，他们忠于信仰，作为新一代知识分子和共产党员的代表，他们以自己年轻的肩膀承担起前所未有的责任，以实际行动诠释心中的理想之光……

于是我们写下了这些文字，记录下这一群年轻人与众不同的青春抉择和成长故事，同时分享他们的人生感悟……

我们希望有更多的人看到他们的故事。

他们应该被看见，他们值得被看见。

当一个社会中的青年精英主动选择将自己个人的命运与民生疾苦、国家发展联系到一起，并敢于吃苦，乐于奉献的时候，这个社会就充满了希望。

目 录

- 苏勇力："造导弹"的第一书记 002
- 杨永冲：从会做题到会做事 038
- 陈蒙：去基层做事是我的第一志愿 066
- 路艳：做一个务实的理想主义者 090
- 俞伟栋：把人生故事讲得更精彩 114
- 齐璐：走出一条人生的捷径 134
- 刘栋明："绿水青山带笑颜" 162
- 韩潇：选择基层就要选择担当 186
- 刘梅："我有义务承担更大的责任" 208
- 孙铁军：人生应有更大的目标 230
- 于洋：要挑战就挑最穷村 256
- 后记 279

苏勇力
"造导弹"的第一书记

在广西的定向选调生中，口口相传着一个传奇式的人物，有一个原本该去造导弹的人，最终却主动要求回到了广西，并去了中国最贫穷的山村，一待就是七年，成为任期最长的驻村扶贫干部……

他就是苏勇力，中共党员，2011年毕业于北京大学软件与微电子学院，硕士，广西壮族自治区第一批定向选调生，现任百色市隆林县委常委、组织部部长。

请先简单地介绍一下你自己。

我是广西人，壮族，1983年出生在百色市田阳县的一个山村，家里祖祖辈辈都是农民。我们那里的生活环境很艰苦，我从小就在父母的鼓励下拼命学习，想通过读书来改变自己的命运，走出大山。

我小学是在村里上的，条件很简陋，师资条件更差，但我学习认真，运气也算好，小升初时，县里最好的实验中学面向农村招收一个班的学生，我考了全乡的第一名，进了实验中学的"农村班"。到了中考的时候，百色市最好的百色高中在我们县只招30人，我又考上了，高考时考到了北京，最后研究生又考进了北京大学。

对我们这样的人，考试几乎就是改变命运的唯一机会，只有考好了，才能从山村中走出来。

曾经见过很多经历和你相似的人，一般来说他们的最终理想往往是一定要在北京这样的大城市里站住脚。

我开始也是这样的，想要在北京找一个专业对口的工作。经过努力，最终还真的实现了。我在北大读研究生的专业是开发嵌入式系统，跟芯片有关系的核心技术研发，挺热门的。2010年底，尽管还有将近一年才毕业，我就已经和一家中央企业直属的导弹研究所确定了工作意向。

那是一个非常好的机会，不仅能充分用上我的专业知识，而且他们开出的条件也极为优渥：工作地点在北京市中心，事业编制，落户西城区，还有机会享受政策性福利购房。我从小树立的理想就是拼命读书，凭自己的能力彻底离开贫穷的山村，现在终于读到了北大毕业，又在京城初步有了立足之地，一切简直就是梦想成真。

这样的结果不仅对你，对于其他任何人来说都是梦寐以求的完美，但是你为什么会最终放弃了这一切？

这都源于一次热心的帮忙。

2010年底，广西壮族自治区党委组织部第一次来北大和清华选招定向选调生。因为知道我是广西人，就希望我在宣讲的过程中多做一些协助性的工作，帮家乡的建设多延揽人才。我觉得责无旁贷，就一口答应了下来。宣讲的过程中，我一直很热心，前前后后地帮忙张罗，并开始对当选调生产生了兴趣。

我跟导弹研究所确定工作意向后，曾经回过一次老家。父母的反应很复杂，一方面他们当然高兴，为我在北京找到专业对口的工作骄傲，感到他们辛辛苦苦十几年供我上学的苦没有白受；可另一方面，他们又很惆怅，他们的年纪都大了，其实很希望我能经常在他们身边，总是说不想以后看见我的日子用天来计算。这是我心里过不去的一道坎。另外，离开故乡七八年，每次放假回家，看到家乡依然很贫困落后的样子，我心里都是酸楚的，有时候就想，我这个本地出来的、回回考第一的人，竟然没有能力为改变家乡面貌做点什么，真是挺没用的，甚至曾经无数次问自己，过去十几年发愤苦读究竟是为了什么？

就在这时，我接触到了定向选调生这个概念，等于是给我提供了一种崭新的可能性，觉得如果能走这条路也很不错，一方面能学有所成之后回来为家乡多做一点事情，另一方面又能对父母尽孝心，比起留在北京好像更两全其美。

但是，真要做出这样的选择是非常艰难的，内心非常矛盾，犹豫纠结了很久。一边是那些实实在在的、看得见摸得着的实惠；另一边是组织部领导在宣讲时说的关于选调生的那些话，真实地触动了我内心掩藏很久的一些东西。站在国家发展的坐标中定位个人的职业选择，把家国情怀融入个人事业，这是我非常认同的理念，只是过去一直没有找到合适的方式和方向。现在，定向选调生让我看到了这样的可能，多年来埋藏在心底的想要亲手改变家乡落后面貌、报效家乡父老的情怀，就这样在毫无防备的情况下突然被点燃了。

最终我还是下了决心，选择回广西当定向选调生。

我们是第一批定向选调生，各方面的条件和素质都不错，自治区

苏勇力驻村之初
与同事合影

的领导对我们很重视，拿出了很多非常好的岗位供我们挑选，所以只要愿意，完全是可以留在南宁的，但是我却提出要回百色。

省会城市、直属机关是很多人拼命都想挤进的"最高殿堂"，你为什么却偏偏要"逆向而行"呢？

说实话，刚出校门的时候真不懂那么多，所以当时想的就很简单。放弃一切地回到广西，目的是为了改变家乡的贫困面貌，既然连北京这样发达的大都市生活都放弃了，那又何必再留在省会城市，不如干脆直接回到百色，去实地建设我的家乡。所以，我跟自治区党委组织部的莫副部长当面要求回百色工作。

就这样，我被分到了百色市委组织部，2011年7月11日报到后，被安排在"远程办"（党员现代远程教育管理办公室）工作。

以第一批定向选调生的身份被引进到广西，又如愿以偿地回到自己的家乡，想必工作和生活都非常适应吧？

恰恰相反！刚回到广西后的第一年，我真的是非常非常不适应，刚工作了一两个月，甚至差点想放弃一切跑回北京。

我在北京前后生活了九年，研究生又是在北大读的，各方面的环境和条件都非常好，我的朋友几乎全都在北京，又都很有能力，有事大家彼此都帮忙，聊天也能聊到一起，总之，我已经适应了大城市繁华的生活。可是回到百色后，虽然这里是我的老家，但其实已经谁也不认识了，完全谈不上人脉，过去学校的同学大都已经不在百色甚至不在南宁了，大多数人都在深圳、上海什么的，只有我一个人在百色。熟悉的地方陌生的人，生活上其实很孤寂。

刚工作时还有个小插曲。百色市委组织部非常欢迎我来，但当时单位的编制满了，要求增加编制的报告还没有批下来，所以我暂时没法领工资。领导非常关心我，告诉我说有需要用钱的时候可以跟财务办理个人借款，可我爱面子，总觉得刚刚新到一个单位就开口借钱不太好，就索性去向北京的同学借钱，同学二话没说就给了我一万多，这下又让我受了刺激。别说我当时没编制领不到工资，就是领到了，也就每月两千多，可我的同学在北京的大企业工作，一个月起码一两万甚至三四万，两者之间的差异太悬殊了。

加上那时候市属单位没有干部宿舍，我以每月260块的价格在城乡接合部租了一个民房当宿舍，条件很差，连做饭的地方都没有，屋外的公路上整天跑着来往于火车站的大货车，一切都和我在学校时预想的相差太多了。就在这时，导弹研究所的领导从北京给我打电话，对我没去报到很可惜，说一直觉得我不错，职位还给保留着呢，如果我愿意，现在就可以重新回北京办入职手续，待遇自然很好，单位的公分房已经开始分配名额了，我要是这会儿去还能赶得上。

说实话，那天接完电话后，我真的是动摇了！当时是晚上，天上下着雨，我一个人站在租住的房子窗前，看着外面的雨，昏暗的马路上只有大货车经过，心中非常凄凉，默默地流泪了很久。回广西前我真的认为，这里需要我这样的人，在北京我都能有属于自己的天地，回到求贤若渴的家乡，肯定能有更加不错的发展空间。但是回来以后的经历，让我发现自己当初的想法好像有点幼稚了，现实和理想之间是有差距的。我在心里反复问自己，当初选择回家乡这条路是不是走错了……

真的是只差一点点，我就回北京了。

是什么原因让你忍住了？

可能是我不服输的性格吧，觉得不能在困难面前逃避。

还有，就是当选调生的初衷。

后来你用什么办法彻底忘掉了来自北京的诱惑？

日子一长就慢慢忘了呗，时间是治愈一切的灵丹妙药，加上工作一忙，也就顾不上想这些了。

在去当扶贫干部之前，你在事业上的发展算好吗？

非常一般。在远程办工作了三个月后，我又调去信息办工作了两个月，过了元旦，又被调去办公室工作了一年多。在这段时间里，无论从哪一方面看，我的发展都算不上突出。在组织部这样的行政系统，一个人要想出头冒尖，至少材料要写得好，而我是学理工科的，这方面并不擅长，就是踏踏实实地埋头做事。日子其实倒不算难过，只是和我当初下决心当选调生回来时的设想差得有点远，难免不太甘心。

是不甘心陷入了行政部门各种的日常琐碎，还是不甘心自己的书生意气被命运捉弄？

都不是，是不甘心自己一直没有机会，用自己学到的知识和能力去改变家乡、改变人民的命运。

在机关工作了两年多，我总感觉好像能力没有太大的提高，也没有取得多大的进步，一直想要找到一个下基层锻炼自己、发挥自己的机会和平台。

苏勇力驻村之初在加西村破旧的老村部召开党员大会，共谋加西村出路。

所以，当2014年初听说部里来了对口扶贫的任务，需要下派驻村干部后，我立即毫不犹豫地主动报了名。那年一月，我才刚被提拔为办公室副主任，3月就下村，在凌云县下甲镇的加西村当了一名驻村干部。

事后想，这简直就是对我坚守两年多的一次巨大回馈，让我坚信，当初选择回来当选调生的决定没有错，终于让我等到了这个机会。

说说这段经历吧。你去的凌云是个什么样的地方？

凌云是国家级贫困县，不仅是百色地区最贫困的县，就是放在全广西乃至全中国，大概都可算是最贫困的县。加西村是凌云的一个贫困村，各方面的条件都非常差，共有1200多人，由很多屯组成，所谓的屯就是自然村，分布在不同的山上，彼此间隔很远。我住在村部，位于其中的一个核心村。

刚开始驻村时，我的身份叫"加西村美丽广西乡村建设（扶贫）工作队员"，一到村里就发现村里的各种基础设施陈旧落后。那时候是 2014 年初，精准扶贫工作还没有后来那么制度化，扶贫工作更没有指标化的硬性要求，但我还是想凭着自己的良心主动多做事，不怕给自己惹麻烦，很想尽快地发挥自己的作用。于是，我就从驻村走访群众开始，了解他们最亟须解决的问题。走访下来比较集中的问题是路、水柜和学校。

找到问题就是找到了方向，我工作的突破口就要集中在这些地方。

所以你的第一个目标就选定了村里的学校？

对。加西村的学校有 190 多名学生，大部分是瑶族，学校的住宿条件简陋，学生们睡的是那种八十厘米的床连排铺在一起的大通铺，平均每张床要睡两个甚至是三个人，被褥什么的也很破旧，甚至发硬板结了。可就是这样的条件还不是所有学生都能享受到的，特别是三年级以前的小孩，因为没有住宿保证，加上自理能力差，一律不能住宿，需要家长每天早送晚接。加西村的各个屯很分散，最远的一个屯，要翻两道山才能到学校，路况很差，尤其是一到下雨天，山路湿滑泥泞更是难走，单程就要一两个小时。村民家里的壮劳力基本都外出打工了，接送孩子的大都是白发苍苍的老人。每天为了上学，老人和孩子通常清晨五六点钟就要一起出门，晚上五六点钟再把孩子接回家，非常辛苦不便。

于是我就下决心，在村里干的第一个工程就是建小学校的学生宿舍楼，一定要想办法解决学校的住宿问题，至少要保证每个学生都能有一张床铺，让孩子们不用为了上学每天翻山越岭地跑路。为此我需要去上级那里跑项目，找经费，再到村里解决征地问题，整个过程非常艰辛，但也很有成效。

第一步我先筹集一笔钱，迅速改善学生基本物质生活条件。这一块的资金筹集算是很顺利的，通过我向市里、部里领导汇报，在干部中间发动捐款，很快就筹集到了足够的经费。我们以统一购买的方式，为每一个学生统一配发了一套被褥、席子还有毛巾、牙膏、牙刷等物品，让学生的基本物质条件有所改善。之后我们又从社会上拉了一些赞助，比如从团市委这边拉到一些书籍和学习用品的赞助，从组织部搞到赞助解决了学校的电脑问题，还联系公益组织对一些困难的学生搞结对帮扶……

相对来讲这些都是小钱，好办些，要想给小学建楼，这可就是大块资金了，解决起来就没那么简单了。我上上下下跑，管事的人觉得为难，都躲着我。我不管，跑断腿、磨破嘴我也要把钱给要到……

跟要资金的不容易相比，更难的是在村子里征地。凌云是个山区县，土地少，在老百姓的心目中土地就是他们的命，无比珍惜，根本不可能轻易让我征去建校舍，工作做起来非常艰难。

建楼的征地牵涉到几户农民，为了取得他们的支持和配合，我不断地入户做工作。征地的经济补偿是最难谈的，别看他们是农民，信息来源还是很广的，心中有各种期望值，但是具体项目适用的文件标准又跟他们的期待之间相差很大，谈起来真是难度太大了。我只能不断地从法律、从感情、从下一代前途、从村子里长远发展等各种道理上，各方面综合起来做工作。我甚至在这几户人的亲戚身上下功夫，发动大家一起去做他们的说服动员工作……

经过道道关口，最后盖楼这件事终于让我做成了，一共花了一百多万，建起了学校的综合宿舍楼，彻底改变了学生们的学习和生活环境。

建完学校后,你接下来又给村里干成了哪些实事?

我到村里后干的第二件事就是修路,一共硬化了五条路,新开了四条路。

其中让我印象最深的是在一个叫三台屯的地方修路。那个屯离村部、离学校的直线距离其实并不很远,但因为没有路,群众想要出山就要翻两座山,每次接送孩子上下学,单程都要两个多小时,那里群众世世代代的愿望就是能把出山的路修通。

苏勇力与群众商量修建通往瑶寨加西村三台屯的道路

为了帮助老百姓实现愿望,我就去上级那里找项目。所谓找项目其实就是找钱,要想有钱首先就要争取在上级那里能立项,要先写申请,给相关部门,争取同意立项。为此我要不断地找领导,找各个相关局。

好不容易在上级那里争取到了项目,没想到接下来又有麻烦。

那段新修的路一共4公里长,其中1.4公里是属于三台屯自己内部的土地,因为修路是为了他们自己,所以征地协调起来比较容易。但是另外还有 2.6 公里，则是要经过其他的几个屯寨，这一牵涉别人的利益，那征地协调的工作可就太难谈了。

我的办法就是不断地入户，一家家反复地谈。其中最难谈的一家，死活不让路从他家的地里过。尽管我们做了一些妥协，甚至部分修改了原设计，改从擦着他们家地头的上边过，但他们还是不满意，不断设置各种刁钻的条件，连修路挖出的土都不能堆放在他们的地头上，必须一车一车地全都拉走……

农村工作真是太难做了，类似的困难经常遇到，尤其是当我们的工作还存在某些失误和不足的话，那工作就更难做了。

能举一个这方面的例子吗？

有一次我要在村里征地建村部，一共要征六亩地，一半是山地，一半是农田。因为当时我缺少基层工作经验，凡事都只会教条地理解、执行文件，结果做补偿款预算时忽略了很关键的一点：山地和农田的补偿钱数应该是不一样的，预算时没有把地块差异的问题考虑进去，等到具体协商的时候又没有考虑策略，先跟山地的户主谈了，顺利地付钱拿到了那块山地，结果等我按同样的补偿标准去跟农田的户主谈时，对方因为已经知道了山地户主的补偿标准，自然就不干了，一下子就谈崩了，坚决不肯按与山地一样的标准转让农田。这时候我傻眼了，意识到的确不该把两种地弄成同一个补偿标准，应该有所区分，可已经太迟了！一来，山地的钱已经付了，不可能拿回来重新统筹；二来，总的补偿款是经过预算审批和由县财务统一下拨的，很难再重新制定方案并提高征地标准。这下我是过河卒子没有了退路，也没有其他什么好办法，只好各种软磨硬泡，一家一家地去说好话，去磨。

其中一户是兄弟俩，他们态度最强硬，不肯签补偿协议，我在他们身上下的功夫最多，可是怎么也谈不下来。最后实在没办法，我就陪他们喝酒，那天喝得很晚，最后我们都喝醉了，我对兄弟俩说："老哥，我知道你们说的有道理，而且我也知道，你们真正在乎的不是每亩不能少的那么一点点钱，是一口气，是面子，是公平！……这次的确是因为我的工作失误造成了你们的损失和不愉快，要不就这么解决吧，请你们还是按照原来的标准签下协议，亏欠不足的部分，由我个人掏腰包给你们补足，看行不行？"听我这么一说，那兄弟俩也感动了，说："苏书记，你这么帮我们村里做事，这么辛苦，我们全都看在眼里，怎么可能还让你个人掏钱呢？没说的，苏书记，看你做人做事做到这样的份上，协议现在就签！"

真是精诚所至金石为开。

在基层做工作就是这样，除了要讲政策，更要讲感情，讲跟群众交流的方式。

中国的老百姓是很善良的，一旦认识到干部在真诚为他们着想，他们是会领情和配合的。

确实是这样。就拿那条路来说吧，当我克服了所有的难题，总算让路破土动工了，那个场景真的让我难忘：寨子里几乎的所有人，不分男女老幼，只要在家的，每天都到工地上去围观，眼巴巴地看着挖掘机工作。大家都希望早日通车，遇到工程进展到哪家，需要砍树什么的，不等我动员，群众就自发地跑过去义务劳动。这条路开通之后，我在村里所到之处，群众对我都特别热心、特别友善，真切地体会到老百姓质朴的情感。

2015年冬天，所谓"世纪寒流"到来的一个晚上，我为了发展油茶产业上山去一个瑶族村寨做工作，开会到晚上九点多，我要开车回村部，当地的群众说天黑路滑山路难走，一定要送我，被我拒绝了。可是开到半路，我就发现后面有一辆摩托车一直在跟随，我下意识地想到那一定是队长李天文来送我。当时我非常感动，在深冬寒冷夜晚的高山上，我坐在空调车里还冷得发抖，我们的群众却一定要送我安全到达村部。我停下车，劝李大哥返回，不能再送了。他们这种真挚朴实的感情让我特别感动、特别温暖，一辈子都会记得，这也是我长年坚守在村里工作的最大动力。

我在加西村整整驻村了四年，亲历这个村在党建、产业设置、基础设施建设、脱贫等各方面发生的巨大变化。加西村不仅在2017年终于如期摘帽脱贫，还成为"全国深度贫困地区抓党建促脱贫攻坚工作经验交流会"的现场交流点之一。这次会议是中组部组织在百色市召开的，是新中国成立以来百色承接的级别最高的全国性会议。中央电视台《焦

2017年，国务院扶贫办副主任洪天云到加西村指导工作，苏勇力代表加西村汇报扶贫经验。

点访谈》栏目来百色采访,总共三天,在我们加西村就待了一天半。这些都是对我四年来驻村工作成绩的一点肯定,挺欣慰的。

你怎么会在加西村待了四年呢?扶贫干部的任期一般不都是两年吗?

这是我主动申请来的。

刚开始驻村时,我是"扶贫工作队员",任期是两年,2014年3月下来,应该2016年3月回部里。但是到了2015年9月,眼看就快结束任期了,广西开始启动了新一轮的精准识别,对原先贫困户识别不精准的情况做进一步更加精准的识别,对每一个村、每一户农户都要挨家挨户地入户调查,综合考虑各种情况精准打分。最终打分下来后,加西村被正式定为了贫困村,列入了对口扶贫定点摘帽的序列中,需要加派一名专职的"第一书记"。而这时,我已经在村里工作了一年半,刚有一些基层工作的经验,对全村的工作也有

苏勇力带领群众跋山涉水,实地考察村况。

了一些具体的想法和规划，很想继续干下去，把这些理想和规划亲手实现，把这个村建好。所以我就主动去找领导，说自己已经干了一年半，很熟悉情况，每天都在走访农户，进家门跟他们聊天，一是随时了解村民的情况，二是写扶贫手册，对全村的情况非常了解，每家每户到底都有什么样的家底，谁家有多少猪，多少鸡，开个玩笑，恨不得谁有多少根头发我都一清二楚，不如索性就让我留下来继续当第一书记吧。

就这样，从2015年9月到2018年3月，我又干了两年半的第一书记，连上做工作队员的那一年半，整整待了四年。

扶贫工作很多事情不是一蹴而就的，需要时间来慢慢实现，慢慢改变。正因为有了四年的时间，才能让我在加西村干成很多事。

听说扶贫工作很繁重，从大的方面来说就有三点，一是改善基础设施，二是解决贫困户的具体困难，第三是发展产业。

是这样的。我在加西村投入了很大的力气建设基础设施，修路、拉水、拉电，改变生活环境。四年下来，通过我不断地向上跑项目，从上级那里一共为加西村跑到了2000多万的资金，让村子的面貌焕然一新。

在搞好基础设施的同时，我还带着村民们发展产业，增加他们的收入。

要让群众的口袋富起来，不能一直靠发低保，必须结合加西村的具体情况做特色产业。原来村民就是种玉米，种得再好最多也就是解决温饱，所以要想让他们富裕起来，一定要换种附加值更高的经济作物。经过在网上查找资料、带着干部群众去附近发展得好的县市考察取经，我认定最适合发展的产业是种桑养蚕。以前种桑养蚕的重点地区在浙江、江苏那一片，但随着这些年那边的土地不断升值，种桑养蚕开始往西南

苏勇力进屯入户，宣传发动群众发展特色产业。

部特别是广西迁移，就是所谓"东桑西移"。从长远看，未来市场的机会和前景是很好的。

　　一开始群众根本不相信我说的，对发展种桑养蚕的前景有疑问，发动起来很困难。在我来之前，村里也搞过一些产业，比如种辣椒。开始说得很好，还签了包销的合同，但后来市场不好，收购方就变卦了，合同签时说好的是2块钱一斤，最后五毛钱1斤老板都不来收。群众损失很大，所以一开始他们都是观望的态度，甚至宁肯养鸟都不愿意来种桑养蚕。面对这种困难局面，我的办法是"党建引领扶贫"，先发动党员和村里的能人，让他们先种，起到带头示范作用。通过带他们出去考察，做他们的思想工作，做市场分析，让他们感到种桑养蚕真的有前途，发展起来真的能增加收入。后来他们接受了我的看法，率先做了起来。第一年，发动了12户，种了60多亩桑树。本来大家也不见得多有把握，只是抱着种种看的想法，很大程度上是给我面子，结果没想到当年就见到了成效，每亩的收益大约 6000 多元，比以前只种玉米差不多翻了十倍。村里群众看到这 12 户跟着苏书记干真的挣了钱，发现在家种桑养蚕比很多外出务工的收入还多，一下子眼热了。第二年再动员扩大生产规模时，我要求村两委的每一个成员都要负责联系一个村寨，广泛发动群众。这次大家热情很高，最终全村扩大规模到 2200 多亩，一年收入 500 多万元。这一个产业就让全村人均增收 4000 多元。

种桑养蚕成了加西村的支柱产业和群众脱贫致富的主要来源，让村里发生了翻天覆地的变化。

按照国家的政策，在产业扶持时会下发很大数额的资金补助，听闻你突破了以往常规做法，创新了下发模式？

我刚下去当第一书记时，发现周边四邻的村有很多废弃的养猪场和养鸡场，就针对这种现象做了一些调研。原来，国家为了鼓励养殖产业，这些年发放过很多的补助资金，但在具体的发放落实过程中，却存在着一些不公平，最终往往会落在一些有钱的"能人"手中，那些真正需要帮助的贫困户反而很难享受到。更严重的是，某些"有脑子"的有钱人，甚至会想办法恶意套取国家的扶持资金。比如自己先花个五万十万的，建起养猪场，先养一批猪，甚至干脆不养，直接从别人的猪场拉个几十头猪过来照相充数，以满足申请政策补贴资金的条件，等补助资金到手后，他就不再干了，建好的养猪场就废弃了。这不仅造成了很大的浪费和不公平，钱没有真正用到最需要帮助的贫困户身上，而且国家发展养殖产业的目的也无法实现，对发展养殖产业根本没有什么好处。

现在要在村里发展种桑养蚕，你担心这种现象会再度出现？

是的，就算我把工作做到位，避免了"恶意套取"，也还存在不少问题。按过去一贯的政策，只要是按要求进行种桑养蚕的农户，每家都能领到三千到五千元不等的补助款用于建蚕房。但在执行中弊端很大，比如下发补助款是有名额限制的，同样都是种桑养蚕的，却不能一碗水端平，得不到一样的补助。不仅主管的人操作难度大，费力不讨好，搞得农民意见也很大，往往认为是主政者有亲疏远近的分别，谁跟村干部关系好谁能得到补助，甚至说干部从中渔利吃回扣。同时，国家下发补助款的初衷是要扶持起一个长效有序可持续发展的产业，但是管理上有漏洞会给别有用心的人钻空子，不仅会造成浪费，还打击了真正从事养殖业农民的积极性。所以我就想换一种新的方式，从根本上杜绝这样的弊端，让上级扶持产业的补助款能真正用到产业发展上。

具体的做法是什么？

我是这样设想的：对于上级下放的各种扶贫项目，不再直接面对村民个人，而是以村两委的名义来统一向上打报告申请，把那些原本分散发放到户的资金集中起来统一使用，把村里一些边边角角的土地征集起来，资金到位后统一建蚕房，然后再以极低廉的价格租给有养蚕需要的村民使用，在全村进行公开评议，谁需要给谁用，谁养蚕多给谁用。

这种做法在推行的过程中遇到阻力了吗？

坦白说，在推进这个做法的过程中，确实曾经遇到过来自上上下下各方面的阻力和质疑。首先是农户要质疑我：原本是该给我个人的补助款，凭什么要被你村集体收走，用蚕房的时候还要另交租金？同时，过去的那套做法已经形成了较成熟的运作和管理模式，也有其一定的合理性，至少相关的资金是直接发到农户手中的，避免了中间环节可能存在的卡要和截留，而我设想的这种新办法，在某种程度上的确是给上级管理部门"添麻烦"了。虽然过去的做法的确存在着实际效果不好、产业没有真正地发展起来、很多真正的贫困户没有收益的问题，但执行的过程却比较省事和方便，只要见到农户的签字下放资金，没有在中间吃拿卡要，就算完成了任务。一旦按照我说的这种统一建设，事情就变得复杂起来，等于是有关部门要变成业主，不仅建设前要关心蚕房建成什么样，甚至要组织招投标，要走各种相关的程序，后续还要继续跟踪蚕房建设的进度，比以前麻烦和复杂很多，所以不愿意支持我的标新立异。

这种创新对你本人来说也有风险吧？

当然有。最大的风险有两个，一是担心被人告，说我截留扶贫资金；二是怕会引来一些背后的议论，说我"到底是北大的，总是不循规蹈矩"。这种话明褒暗贬，当公务员的人可不愿意被贴上这样的标签。

明明是上级和村民都不喜欢，对自己又有大的风险，那你为什么还要坚持做？

因为好处太多了，至少有四点。一是解决了公平的问题；二是解决了浪费问题，蚕房不属于任何个人，只对养蚕产业服务，所以就算今年的养蚕户明年不干了也没关系，不管是谁接着养蚕，照样可以用，可以顺畅地流转，能让国家的扶贫资金持续流转下去，让产业扶持政策真正用到产业上，用到最需要的贫困户身上；三是解决了村集体收入问题，让村集体有持续性的收入保证；四是有规模化效应，便于进行科学化、规范化的管理。

我这么做完全没有私心，完全是为了群众的根本利益着想，为了产业着想。既然有这么多强有力的理由，知道这是正确的方向，那我当然要坚持。为此，我要私下里做很多的解释和沟通工作……

好在最后真的做成功了。

连片成规模，方便科学化规范化管理，远远好过散落在零星的农户家中。养蚕户不用自己投资建蚕房就有了发展的基础，既减轻了他们起步阶段的负担和风险，还能获得大概每年五六万元的直接收益。村集体依靠租金，一年也有数万元的稳定收入。村集体的收入除了一部分用于村集体的发展建设，另外很大的一部分会回馈给真正的贫困户。对于那些符合标准的养蚕户，到了年底，村集体会把租金返还给他们。总之，个人集体都得利，可谓是皆大欢喜。

养蚕户一年从3月干到10月，至少能有三四万元的收入，然后在其他的时间里，随便在附近打点零工，再挣个万把块钱当零花是很轻易的事。这样一个家庭一年的收入就能有五六万元，对农村来说，已经很好了。加西村现在已经很少有人愿意再出去打工了，都留在家里种桑养蚕，个别养殖规模大的人家每年收入十几万元也不稀奇。刚开始种桑养蚕的时候，村民大都是用摩托车或人力车从地里往回拉桑叶，现在大都是用农用三轮车来拉了。

如今全村人的日子都好过了起来，光小汽车就有50多辆。就拿原先一直没通路的三台屯来说，这个21户人家的瑶族村寨，已经有7户买了汽车。大家对这种生活很满意，不用外出打工那么辛苦，又能就近照顾家庭，顺势还解决了留守老人和留守儿童的问题。现在我们村里变得非常和谐，每天晚上吃完饭，村里都有各种自发的群体娱乐活动。

后来，不仅整个百色市开始推广我们加西村的经验，我们村也成了中组部肯定的典型，在全国现场会上受到表扬……

现在的这些成绩真的都是打出来、拼出来的。

听很多人介绍，你对村里那些贫困户，帮助起来特别用心和用情，不管来了什么项目和政策，都首先想着他们是否适用。能讲几个具体的故事吗？

加西村有一家三口，户主叫罗建华，本人有病，一见生人就肌肉收缩说不出话，父母又都是六七十岁的残疾人，干不了活，等于全家都没有劳动力，生活非常苦。因为他本人没有办户口本和身份证，所以无法享受到相应的扶贫政策，可他的身体情况也不允许他去派出所照相办手续。我知道后，协调镇派出所上门给他拍照，帮他补齐各种手续，尽快拿到了身份证，然后拿着他的身份证去找各个相关部门，帮助他申请到各种补助，让他享受到各种政策的扶持。下发的补助款让他的生活得到了很大的改善，帮他解决了全家的温饱问题，生病能吃得起药，家里还有了电视机，看上了电视节目。他们对我很感谢，逢人就讲，一讲就掉眼泪。

还有一个叫韦光华的单身汉，老婆是带着一个女孩从外地改嫁过来的，后来两人又生了一个孩子，一家四口和他哥哥挤在一起。为了帮他家解决住房问题，我帮他们申请到了2万多元的危房改造资金。按照程序要求，他必须先自己把房子建起来，通过验收后才能拿到补助。但是要想建起房子，除了危房改造的补助外，自己还需要再投入一点资金，可他没有任何积蓄。为了帮助群众真正享受到政策的扶持，我就主动去找相关领导协调，由我个人做担保，把补助款先拨下来，让他能启动建房子，然后又在附近的建筑工地帮他找工作，让他能挣到钱。最终帮他家建起了三层楼房，非常漂亮，让他们的生活从根本上得到了改变。

以前我们有些行政人员往往只顾发下通知，然后就在办公室等大家上门办理业务。这么做本身并没有错，但是农村有些情况特殊，如果完全照章办事，时间长了就会遗留下来很多问题。我们这些年的扶贫，其实就是在尽量弥补这样的缺失。我希望能真真正正地帮助到村里人，只要能让他们好，哪怕给自己添一堆事也不怕。

2015年9月，我到一个瑶族村寨走访群众，在村口碰见一个十来岁的瑶族小女孩，我问她怎么没去上学，她说老师说她已经16岁了，不符合《义务教育法》，不能上。我觉得很震惊，就去找校长了解情况，原来小女孩的妈妈有精神病，老爸天天酗酒，什么都不管，根本说不清孩子是什么时候生的，报户口时随口说了个年龄，整整多报了5岁。明明只有11岁，却变成了16岁，所以才没法上学。

我很为这个小女孩今后的命运着急，完全不认字在这个社会是无法生存的，必须想办法让她去读书，哪怕只读三年书，能写自己的名字，上街卖菜能简单算个钱数，出门能认识路牌，能说得清自己的老家在哪里，起码能防止被人拐卖，让她有能力出去打工。反正只要读书，就比她现在完全不认字强太多，就能让她今后的日子过得好一点。

为了能让她上学，必须先要把户口本上错报的年纪改过来。可是时间过了十几年，农村又没有出生证，想要找到可信的证据是很不容易的。为此,我想了很多的办法,走访知情的群众,做笔录,反复去找派出所协调,终于把女孩的年龄改了过来,把她送进了学校。

想让村民的生活发生根本的改变,离不开国家好的扶贫政策,更离不开像你这样真正为群众服务的干部,只有通过你们实实在在的工作,谋划好一方的建设,才能把政策真正落实好,让老百姓得到实惠。

在加西村做了四年的驻村扶贫干部,我真的很有成就感。经手投入了两千多万元进行各种建设和改造,修了学校的学生宿舍楼,硬化了五条路,新开了四条路,亮化和美化了村容村貌,建设八十多间蚕房,发展了村集体经济,建了养猪场、养鸡场,还新建了村部办公楼,把其中部分房屋划出去建了幼儿园,让一个贫困村得到了根本性改变……

苏勇力与群众一起修建通往养鸡场的道路

苏勇力指导返乡创业大学生廖繁情发展养鸡产业，以此带领群众脱贫致富。

更让我自豪的是，我对怎么在基层做群众工作有了很好的心得体会，和群众相处融洽，大家对我很欢迎。

举个小例子：2018年初，我结束在加西村第一书记的任期后，因为忙于工作，整整两年都没回去过，前些日子为了配合电视台做宣传节目，才又回去。经过罗建华的家时，他的老父亲一下子听出了我的声音，连声说"这不是我们的苏书记吗"！当时他老父亲的眼睛已经完全失明了，两年没见我，却还能一下子能听出我，真让我很感动，感到自己做的事情、为群众操的心，得到了一种暖暖的回报，有一种被认可的欣慰。

按照相关的规定，绝大多数的驻村扶贫干部结束任期后都回了原单位，有些人还得到了提拔重用。但是听说你却一反常态，再一次主动要求去了一个条件更差、更艰苦的贫困村继续当驻村干部？

是的，我又去了案相村当驻村第一书记，从上任到现在快三年了。

当初你主动要求在加西村驻村四年，现在又自愿在案相村干了三年，前后干了整整七年的扶贫干部，实属罕见，你是怎么想的？

我的确是前后三次主动要求驻村。第一次是为了锻炼自己，提高自己的能力，主动申请下乡扶贫。第二次是在熟悉了村里的情况之后，有了自己的工作思路和想法，想继续在村里实现自己的想法，为改变村里面貌做点贡献。第三次，则是在原来的村做出成绩之后，想去更加贫穷、情况更加复杂的村试试已有的经验和想法，看看自己是否可以胜任，结果一干又是三年。就这样，不知不觉地成了驻村时间最长的扶贫干部。

到了新的村后，你面临了什么样新的环境和挑战？

案相村由于高速公路征地和其他的历史原因，群众对扶贫工作不是很理解和支持，所以我刚开始驻村时，工作遇到了一定的困难，甚至还有遭到围攻的情况。要是在四年前，我可能完全不知道该怎么打开局面。但这时候，四年的驻村工作经历让我有两大收获：一是对基层更加了解，更加了解农民的想法，想问题更从实际出发。二是自己的办事能力和解决问题的能力得到了提高，不管面对多复杂、多困难的问题，我都有信心和有办法去面对、去解决。经过不断努力，终于慢慢地打开了工作局面。

听说你做群众工作的能力很强，把一个"头号反对派"发展成了"铁杆粉丝"？

那是刚来案相村第一个月的事，我在村里挨家挨户地走访了解情况，有个开小卖部的人叫韩富贵，家里是贫困户，我去的时候他的态度很不好，一直看电视，理都不理我。我说我是新来的驻村第一书记，想了解一下你家的情况，他还是不理我，继续看他的电视，脸干干的，很生气的样子，对扶贫干部很不屑，一副你们来也起不了什么作用的感觉。但我已经做了四年的第一书记，对做群众工作有了一些经验，知道其中必有原因，所以也不着急，看他不肯交流，就请他拿出扶贫的帮扶手册给我看。他找出来往桌上一扔，继续看他的电视。我看了帮扶手册，对他家的基本情况有了了解，说我们两个第一次见面，无冤无仇，来的都是客，而且我作为第一书记是来帮扶你们的，你看能不能停下来跟我聊一会。这时他生气地蹦出了几个字："为什么停我的低保？"

终于说话了，让他生气的真正原因原来在这里。

到案相村上任后，我发现群众对低保发放的情况反应很大，优亲厚友的现象比较严重，就要求群众代表按照程序重新评定和调整了低保名单，韩富贵显然是对这一点有意见了。于是，我跟他仔细解释低保政策，符合的条件和评议的程序。我告诉他，因为你家现在男人在外打工，女人在家开了小卖店，买了小汽车，生活已经慢慢变好了，已经不符合低保的条件了。如果你对这个事有什么意见，你可以举报，或者我自己开车带你到县里民政局请他们下来核实。经过耐心解释，他的态度慢慢软了下来。接着，我针对他家的情况，设身处地地帮他分析困难和优势，用心跟他商量下一步的发展计划。根据帮扶政策，建议他发展种桑养蚕或者林下养鸡，我可以帮助他申请到哪些相关的补助和技术支持，他家因此能得到多少实惠。这么一番聊下来，让他看出我是实实在在地帮他，在为他着想，他终于完全接受了我、认可了我，临走时还客气地说"书记慢走"。

过了几天，我组织案相村村民到我原来驻村的加西村参观农业发展和乡村建设，来的人比我预想的多，车有点不够用，韩富贵就主动免费用他的面包车帮我们拉人过去。在现场，他忙前忙后地为大家服务，主动帮我提讲解用的音响，还帮忙发矿泉水。后来我才知道，那些矿泉水全是他自掏腰包提供的，这让我又高兴又感动。从那以后，我们变成了朋友，他家的小卖店也变成了我了解村里信息的主要来源地。

慢慢地，我的真心帮我结交了很多朋友，打开了工作局面。百色市委副书记原来是我们的组织部部长，他对我的这些做法很赞赏，开会时经常举这个例子，要大家学习我是怎么做农村工作的，学习如何把一个"反对派"变成了自己的"铁杆粉丝"。

其实七年的基层工作让我很清楚，群众都是讲理的，关键是我们干部要用对方法。要我说，做好工作的诀窍无非就是三点：第一，真心为群众服务，有为民之心，把自己放在群众的位置上真心为他着想，帮他谋划，真心帮群众做事。第二，熟悉相关的政策和法律。第三，要有一定的谋划发展和统筹协调的能力。

你在加西村取得的经验，能顺利地复制到案相村吗？

考虑和处理问题的基本思路完全可以，但在具体做法上还要因地制宜。

案相村的基础设施建设和改造工作进行得非常顺利，因为有了加西村四年工作的经验，我能很快地发现村里的短板在哪里，想到应该怎么解决，有针对性地从上级那里先后给案相村跑到了2000多万元的资金，让村里的面貌得到了根本性的改变。

我在加西村取得的重要扶贫经验是大力发展扶贫产业，肯定要用到案相村来，但在具体方向上却有所不同。加西村是石山，环境气候适合种桑养蚕，我就通过发展种桑养蚕产业来脱贫致富；但案相村是土山，林地多，林下资源丰富，所以除了推广种桑养蚕以外，我主要搞了林下养鸡，养殖的凌云乌鸡是国家地理标志保护产品。现在村里已经建了两个养鸡场，小的养鸡场年出栏3万羽，大的年出栏10万羽，养殖利润非常可观。

过去案相村在全乡镇的各种排名全都是倒数的，更别说在全县了，很少有人知道我们。但现在，百色市有个"乡村振兴·争创五旗"的评比活动，全乡镇总共得了五面红旗，案相村就有三面，全县排第三，其中集体经济这一项，我们村全县排第一，贫困发生率由2018年初的14.9%降到了2020年初的1.7%，从过去的默默无闻变成了现在全县都名列前茅的典型示范村。

最让我欣喜的，是我在案相村的群众满意度非常高，不管到哪里群众对我都非常热情。前几天说起我的任期快满了，大家都舍不得，村里有个六七十岁的老奶奶，不是贫困户，我其实对她家走访得也不是很多，也没有给予太多的帮助，可她却拉着我的手哭着说："苏书记要走了，以后我们村怎么办呀。"当时我听了很感动，看到自己得到了群众真正的认可，我的心里真的很暖，觉得所有的苦和累都值得了。

你用七年的时间让两个贫困村发生了彻底的变化，老百姓当然不舍得你走。

这真的不是我一个人的功劳，我一直跟群众说，今天村里所以能取得这么大的变化，不是说我苏勇力有多大的本事，最重要的是因为有了党为群众谋福利的精准扶贫政策，才有今天的改变，才有大家的好日子，也才有像我这样的第一书记被选派下来搞扶贫。比我能力强的十几二十年前就大有人在，只是我比他们幸运，赶上了精准扶贫这个伟大的历史机遇。

你在案相村三年了，工作中是不是又发现了一些新的问题，收获了新的工作技巧和经验？

在基层工作了七年，的确发现了一些共性化的问题。比如，政府在村里投资了很多的项目，一条路坏了，全都是政府立项投资修建，再找施工队建设，不需要村民有任何负担。但村民往往还不满意，不管哪个施工队来，都怀疑人家偷工减料。而且，建成之后村民们也不知道爱惜，觉得反正是政府做的，好坏都跟他们无关。

为此，我就尝试着改变做法，不再大包大揽。比如修路，我就只负责找来沙子、石子和水泥，然后让村民们自己投工投劳，这样他们不仅再也不怀疑谁在其中偷工减料，质量全都掌握在自己手里，而且因为是自己投工投劳建设的，所以建成之后格外珍惜和爱护，只要看到有破坏公路的行为，村民都自觉上前阻止和维护。

这么做了之后还有一个很重要的好处，那就是通过这样做事，能把大家的心给团结起来。农村工作下一步的重点是乡村振兴，要达到产业兴旺，生态宜居，乡风文明，治理有效，生活富裕。村民委员会不是一级行政机构，是根据基层组织法和村民自治法选举的，要想实现党的十九大提出的乡村振兴要求，就不能个个都事不关己，就要想办法把大家凝聚在一起，让他们全都关心村里面的事情。所以，尽管我不缺修路的钱，但我却有意要让大家一起参与，要让大家为了村里的事紧紧团结起来。

  还有一件事。我刚下基层的时候，发现村干部人数很多，正常配备每个村要七八个人，每个月要发给这些人一点补助费，但又不多，也就是个1000元或800元，并不够养家，村干部们必须有自己的主业才行，于是到了有工作下来，谁都挺难叫得动，这个要喂蚕，那个要去接小孩，还有要去收芭蕉的，反正都有自己的活要干，你还没办法强令不许，毕竟大家都要生活。后来，我通过在实践中不断摸索，发现其实一个村为民服务的工作，只要有三个得力的干部就能全部承担起来。于是我就开始尝试改革，把原来给七八个人的补助全都集中起来，发给最能干的三个人，其他几个人只当基层组织法要求必须配备的委员，除了去开会之外不再承担日常的具体工作。经过这样的整编，干活的村干部收入增加了，工作积极性也高了很多，村里工作的效率变得非常高。我在加西村收到良好效果后，到了案相村之后也同样这样搞，现在县里也正在这样推广，村里那些法律规定的岗位还都照常设立，但补助费就不再平均发放了，而是集中给特别能干活的那几个人，这样能够提高村干部的战斗力。这些就是我在扶贫过程中思考、探索和解决的一些事情。

你在北大学的是计算机核心技术，现在跑来扶贫，当年学的知识很少用得上，算是浪费吗？

话可不能这么说。我是这样认为的：北大的求学经历，不仅让我在专业知识上得到了训练和培养，更重要的是对我的思维和素养进行了全面提升，后者更为重要。扶贫这么多年，我不仅有为民之心，还不断能想到比之前的做法更有效的方式，这就说明我没有白上北大。在学校学的那些专业知识可能真的丢下了，忘得差不多了，但是对思维和素质的训练、培养，却给我现在的工作打下了很好的基础。不管是过去做蚕房时的创新做法，还是现在修路时有意识尝试寻找更好的做法，这些都跟我曾经在北大读书密切相关。

学习过程中受到的训练让我的思维有着足够的活跃度，碰到问题我能善于总结，特别是碰到复杂的问题，我能更快地找到高效的综合性的解决办法来，这可能就是我们这样的干部在工作中的优势吧。

至于说到计算机专业知识，我在实际工作中还真用上过。那是2016年换届，百色市委组织部临时抽调我回去十几天参加干部考察组。全市共有12个县区，就要有12个干部考核组派下去，然后全体干部要对所有参与考察的干部进行投票，当时投票的种类还挺多，什么处级干部投A票，一般干部投B票，1000多个干部中选10个干部，各种票都有，统计起来非常烦琐。这时候我受过训练的思维就起作用了，我琢磨这些选票中肯定存在着某种规律，只要是有规律的，都可以用计算机程序表示出来，于是就随手写了一个计票小程序，取得了立竿见影的效果，12个考察组，我们这个组的计票最先完成。

你连续七年当驻村干部，做出了有目共睹的成绩，但这么长时间的驻村工作，会不会反而耽误了你在职务上的晋升？

我当初选择当选调生，主要目的是想要为一方百姓多做些实事，改变家乡的面貌，这才是我的理想和抱负。下来干了七年，我时刻充满热情地在工作，用了七年的时间，让我驻的两个村全都发生了巨大的变化，不管是哪里的群众最后对我都非常支持，这就是老话说的"金杯银杯不如老百姓的口碑"。至于职务晋升，那不是我考虑的事，我要做的就是踏踏实实地把事情做好，为人民服务。

可是职务上的晋升毕竟还是很重要的，这一点真的不打击你的信心吗？

要说一点想法都没有那是不真实的，但提不提拔真的不是我考虑的事，也不是想了就能得到的。我相信只要我努力工作，组织会看得见的。这些年我其实也有几次提拔的机会，但因为各种原因，包括任职年限不符合等，最终还暂时在原地。但这一点都不打击我的信心，因为我自认为做到了三个对得起。

第一个，我对得起组织和领导的信任。因为领导信任，给了我做事的机会，才让我得以实现理想和抱负。我所取得的所有成绩，都离不开组织和领导的关心和帮助，这个真的不是空话。

第二个，我对得起村里的群众，对得起这一方水土。在第一书记这个位置上，我对他们负责了，我确实付出了全部的心血。

第三个，我对得起自己的青春。从 30 岁到 37 岁，我把自己人生中最宝贵、精力最旺盛的七年，投入到了对群众、对社会有用的一件事中，我认为做这些事情真的很有意义，我也做得非常开心，觉得这七年过得特别有意义，是习近平总书记所说的那种"不负韶华"。

下来驻村的时候，你已经结婚成家了吗？

是的，当时我的儿子刚出生没多久，在后来扶贫的过程中，又添了一个可爱的女儿。

能在基层一待就是七年，离不开家里人对你的支持和理解吧？

确实如此。我刚才说了三个对得起，但唯一对不起的大概就是我的家里人，特别是我的爱人和孩子。这七年我对家里人的亏欠太多了，我甚至很担心，将来孩子长大了会不会埋怨我，会质问我，在这七年时间里，我到底管过他们多少。所以我特别想有机会把自己都做过什么告诉孩子，要用我的行动去为我的小孩做一个榜样，让他们知道，他们的父亲是一个很负责任，很努力拼搏，吃得起苦，很有韧性，对社会有用的人。

你当选调生回到广西已经整整十年了。十年前曾经有过一个流泪的夜晚，你反复问自己，放弃北京的生活回到百色，这条路是不是选择错了。如果现在再问你这个问题，问你该走哪一条路，你会怎么选？谁对谁错？

这是两条完全不同的人生道路，没有什么对错之说，也没法比较哪个更好。选择不同的路，就会有不同的人生过程，关键是我更喜欢走

苏勇力荣获第二十二届"广西青年五四奖章"

哪条路，过哪种生活。留在北京，现在我的事业可能也会做得很好，至少生活上肯定比现在优渥很多。但是回到百色，尤其到了村里，我也觉得很好，尤其是当自己为村里做成了一些事后，村里的群众对我那么热情和信任，我心里的成就感应该会比留在北京还要多吧。这种成就感不是我的官职能当到多大，位子会有多高，而是实实在在地干成很多群众需要的事，在群众中赢得了口碑，这是留在北京完全不会有的感受。

　　老实说，这种感受是在下来当了驻村干部后才逐渐强烈起来的，如果只是一直留在机关里，没有机会这么面对面地为群众实实在在地做事，没准我还找不准答案。但在当了七年的第一书记后，我真正敢说，当初从北京回广西这一步是走对了，这七年的快乐让我真正体会到了当初离开北京回家乡的初心，其实就是想实实在在地帮助家乡，让它发生我期望看到的变化。

❖ ❖ ❖

  对苏勇力的采访结束很久了，但他有句话却始终让人印象深刻——"那是两条完全不同的人生道路，可能没有什么对错之说，也没法比较哪个更好。选择不同的路，就会有不同的人生过程，关键是我更喜欢走哪条路，过哪种生活"。

  的确，人生的历程就是不断面对各种选择，很多关键节点的选择，决定着人生道路可能从此的南辕北辙。但是孰是孰非，真是很难比较的，因为很多东西根本不具备可比性。

  唯有一点可以肯定——每一条路上都有着不一样的风景。既然选择了，就无须再纠结，与其纠结无法更改的过去，倒不如关注现实，活在当下，且欣赏路上的风景，收获眼前的果实。

  如此，便都是潇洒的、无悔的人生。

杨永冲

从会做题到会做事

杨永冲，1985年生于贵州，苗族，2011年毕业于清华大学，中共党员，博士。上学期间钻研科学技术，从未想过会进政府部门工作，最终却当了定向选调生，不留省城下基层，接连在六七个不同层次的领导岗位上取得了亮眼的成绩。他自己说："我很享受做事的过程、做事的状态和做成功之后的喜悦。毕业后在基层整整工作了9年，好比又读了一个博士。"

你在清华读博士时，做的是抗肿瘤药物的分子设计合成及生物活性方向的研究，为什么最终去当了定向选调生？

说实话，之前还真没有考虑过会去政府部门工作。我在清华硕博连读，最顺理成章的是去大学里当老师，搞基础研究。但我这个人更喜欢搞应用，最感兴趣的是怎么把基础研究转化为生产力，想得最多的是去个大型企业。

毕业前开始找工作时，学校的各种宣传和引导比较多，鼓励我们毕业后到西部去，到基层去，到祖国最需要的地方去。"立大志，入主流，上大舞台"，在这样的理念引导下，我接触到了定向选调生政策，觉得跟自己想要多实践、多做实事的理念挺吻合。

我记得很清楚，2010年12月24日下午，广西、新疆、重庆、甘肃一起来清华做定向选调的宣讲。四个省区市先是一起集中在大会场轮流宣讲，然后再分成四个分会场，对有初步意向的同学进行重点宣讲。我原本是想去重庆的，我是贵州人，感觉重庆那边离家近，语言习俗上又相类似，更好适应些。后来广西的宣讲介绍会先开始了，我想着不妨先去听听，结果一下子就被吸引住了。广西壮族自治区党委组织部的准备工作非常充分，宣讲的同志很用心，非常热情，让我对广西有了特别好的印象。各方面的情况了解下来之后更加觉得不错，而且广西跟我的老家也离得不远，于是当场定下来报名去广西，别的宣讲会干脆都不去听了。

广西选拔选调生的工作做得非常细致周到，转年年初，专门组织了部分同学代表提前到当地考察，我也参加了。第一站是柳州，然后是来宾、南宁、防城港和钦州。这一路走下来，我是彻底下定了决心要当选调生，向组织部的领导表态说想来钦州工作，而且最好是能去县区工作，越基层越好。

你是第一批定选生，又是博士，完全可以留在自治区一级的直属单位工作，为什么会想到直接下基层去了钦州？

人得有自知之明。我对自己的情况很清楚，在这条路上，以前并没有做过准备，起步比其他的选调生同学都晚，没挂过职，也没到政府机关做过社会实践，年龄上还比相同学历的人小个一两岁，甚至上大学时连班干部都没当过，不了解不熟悉的东西太多了，必须踏踏实实地在各方面打好基础。人生没有捷径，早晚需要补课，不如干脆从一开始就把基础打牢，直接从基层干起。参观时知道钦州有个很大的石化企业，我当时其实还并不确切知道选调生参加工作后到底都能干什么，只想着自己是学化学的，在钦州至少有专业对口的事可干。

就这样，我被组织上安排到了钦州市，担任了钦北区发展和改革局的副局长。

你刚一毕业就进了发改局担任领导工作，起点挺高的。

起点是高，但心里也真发虚，不知道自己到底能不能干好。刚开始的半年，日子真不好过，业务不熟悉，从宏观的政策到具体的操作方法都不懂，人家来找我签字，我搞不懂是不敢签的。

我是钦北区第一个正式引进的博士，又是清华毕业的，一言一行都像大熊猫一样被关注，大家都想看看我到底有没有水平，我要是干不好，可不是我自己丢人这么简单。所以我一定要努力，一定要证明自己，要争口气，证明清华的博士不是花瓶。

不懂就学呗，反正我们这样的人最不缺的就是学习能力。我天天自己琢磨，晚上加班学习，带着学习的目的去加班，在高强度的工作节奏中去发现自己的不足，想办法尽快弥补。

刚参加工作时最怕的就是开会。发改局人称"天下第一局"，管的都是要紧事，每次开会老是坐领导旁边，最怕的是让我表态发言。真不敢讲，也讲不出来。后来我就在开会之前做很多功课，从熟悉情况开始，慢慢地才敢讲话了。

那时候文件汇编类的指导材料很少，尤其是能够指导县区一级层面具体实践的汇编就更没有。我拿出了读博士时的劲头，尽量搜集各方面的文件，有问题向老同志请教，办公室找不到去向上级要，再不行就去各种网站上不停地搜索，把零散的材料汇集起来，再结合具体工作中遇到的问题和上级部门的指导意见，对应着各种项目，把相应的审批流程和注意事项一条条地梳理出来，用自己的语言重新写成通俗易懂的操作步骤，再自己动手分门别类地把它们汇编成书，一共编了三本。通过如饥似渴地学习，自己不仅很快变成了内行，还给其他同志提供了非常实用的工具书，那套项目审批流程和注意事项的书在我调走后还一直在用。

我在发改局工作了一年八个月，主要做过三大类的工作：第一类是申请中央预算资金，第二类是审批所有工业项目，第三类是把关招商引资项目，对自己的锻炼非常大。

做资金申请工作，考验和锻炼的主要是对政策把握的敏锐性，如果能把握住上级资金投放的方向，有针对性地策划地方急需的项目，成功的概率就大。2012年的时候，我通过研究政策，发现上级鼓励搞垃圾转运系统，经过调研分析，其实就是要建立起一整套"户集村收镇运县处理"的垃圾收集转运系统，而我们区在"村收镇运"这个环节有很大的欠缺，于是就有针对性地编写了项目申报材料，主动向上级打报告。因为符合政策精神，很快就申请到了800多万元的资金。到了第二年，全广西开始推行"美丽广西·清洁乡村"活动，要求全面建立起垃圾转运系统。由于我们的工作主动超前，提前申请到了经费，一定程度上帮助钦北区财政减轻了压力。

按照政策，中央每年会安排大约100亿元的中央预算内资金给整个广西，大致根据各县区的经济体量和人口规模有个平均数，钦北区有11个镇，82万人口，因为我们发改局把握政策准确，申报项目的工作积极主动高效，2012年全年一共申请到了专项资金1.18亿元，远远超过了各县区的平均数。

你只用了不到一年的时间就迅速融入了政府部门的工作节奏，有什么可以分享的经验？

很多人都羡慕我一毕业就能进机关、当领导，觉得怎么怎么好，可一般人却很难想象这其中要付出多少。我是博士，按照政策工作满两年要定副处级，也就是说两年后就有可能要承担更重要的工作。但我自己很清楚，工作之前没参与过任何政府系统的工作，扪心自问，到时候真能有那样的能力和水平吗？差距是显而易见的，这是我的自知之明，所以只能抓紧一切时间拼命补课，边干边学，任何工作的机会都不放过，争取让能力和水平能早日配得上我的工作岗位。当时钦北区的很多重要工作都放手交给发改局来做，到了发改局就交给我负责，但我手下就这么两到三个人，很多事情只能带头亲自干，每天晚上都加班，周末也加班，非常拼。我只能下这种笨功夫，只有学的比其他人多，干的比其他人多，最后才可能比其他人成长得更快。

在清华读博士时我也是这样的，刚开始跟其他同学有差距，能力也不够，怎么办？加班、加班、加班！我每个星期都要在实验室工作60到80个小时，这样一年又一年地坚持，最终能力和水平突飞猛进地赶上了，甚至超过了。

你是学化学的博士，却放弃专业去基层任职，这对高学历的人才来说会不会有点可惜？

恰恰相反。我们现在是建设服务型政府，想要更好地服务企业，就要求干部不仅要有服务企业的意识和态度，更要有服务企业的能力和水平，这样服务型政府才不是一句空话。

比如我在发改局时，一项主要的工作是对工业项目进行审批，那时候，一年要审批的项目总投资有几十亿元，就因为有过硬的专业素质，才"毙掉"过不少项目，也促成过起初不被看好的项目。如果我们没有专业基础和学习能力，很难服务好企业，也很难把关和审批。

我记得有一个化工项目，在申报立项时因为涉及重金属，一般人习惯性地认为会形成巨大的污染源，很可能污染环境，根本不敢批。但我是学化学的，清楚这个项目的本质，不是重金属就必然是洪水猛兽，关键是怎么样理解它。这个项目其实是对工业垃圾做了综合利用，减少了重金属排放，是一个值得鼓励的减排项目，完全符合资源综合利用的产业政策。搞这个项目的是高科技企业的专业团队，水平很高，没想到会在政府部门里碰到一个专业素质比较高的内行来给他们服务，彼此沟通得非常顺利。项目投产后效益很不错，为本地税收做了很大贡献。

在发改局期间，我还参与了几个工业园区的规划。当时请的都是国家级的规划设计院来做规划，设计人员全都是名牌大学的博士和硕士，领导让我负责和他们对接，工作中双方沟通得非常顺畅和愉快，很快就确定了总体的规划方向。现代工业、现代企业的专业性越来越强，科技性越来越高，往往站在时代的前沿，在与政府打交道过程中，特别是与我们一些后发展、欠发达地区的县区打交道时，相互间可能存在沟通上的"不合拍"，而我因为具备专业素质和实践基础，能像翻译一样，懂得"双方语言"，化解这样的"不合拍"，可以促进理解，达成共识，形成合作。

参与这些项目规划和审批的过程对我的锻炼很大，我逐渐形成了对经济建设项目推进、重大项目建设还有地方发展的自有见解和思路。

我工作后，因为经历过学校的博士专业训练，在解决问题和克服压力上相对有点优势。虽然专业知识本身不完全用得上，但是通过那样的专业训练，掌握了一些分析和解决问题的方法、技巧，培养了学习能力，这和我现在的工作需要是相通的。比如为了解决问题需要调研，以前读博士，上来就要读一年的文献，这其实就是调研。调研有很多方式，读政策是调研，去现场是调研，看文献是调研，跟人讨论也是调研，无非就是要掌握大量的信息，然后进行快速分析，提炼出有用的信息。都说现在的干部工作压力大，但我却完全不怕，当初在清华读博士的时候压力更大，前面三四年都对自己没有信心，后来才慢慢好了。因为有了那样的抗压经历，工作后就还好，感觉工作跟学习时的道理其实差不多。

学习是一道题、一道题地给自己建立信心，工作是一件事、一件事地给自己树立信心，做成的事情越多，自己的信心就越足，别人就慢慢地对你不再怀疑，甚至开始信赖。

发改局副局长当得挺好，怎么又调去做了镇长呢？

这要感谢组织的关心和培养。俗话说，春江水暖鸭先知，政策的生命力在于执行。换句话说，基层干部的执行成效往往决定了政策落地的成效。乡镇是最基层的一级政府，政策执行距离群众最近。我虽然从小生在农村、长在农村，但最多只是对自己所在村子的环境有点了解。并不代表对基层工作就了解，掌握和了解这些工作是在政府部门工作必备的基础，缺了这一课，什么工作都很难干好。为此，我向组织提出了申请。

2012年10月，我曾经短暂地去钦北区的大垌镇挂职了三四个月的党委副书记，分管交通、财税、交通等工作，也做了点修路、调解群众矛盾、带工作组下村这样的事，算是初步接触了一点基层工作，学到了一些实用的方法。

2013年3月，我被正式派到钦北区的新棠镇当镇长。刚开始有些人对我有怀疑，一个刚28岁，年纪轻轻白白胖胖，不会讲当地话、只会讲普通话的"捞仔"（外地人）来了就直接当镇长，到底行不行？认为我没胆量、没能力、没本事，只是学历高而已。

上任不到一个月，我就遇到了一件很难处理的事。有一个村的村民之间本来就有矛盾，因为修路问题矛盾激化了，双方吵得很厉害，一直吵到了我的办公室。一些人觉得我是新来的，听不懂当地壮话，肯定会手忙脚乱，但我却毫不犹豫地接过了这个难题。通过上次挂职处理纠纷的经历，我对解决这样的问题有了一些思路。一个村子的人都是亲戚朋友，矛盾闹得如此之大，甚至老死不相往来，无非是几个原因：一是有误会，因为沟通不当才越闹越大；二是有现实的利益诉求；三是要找面子争口气。所以我想好了处理的办法，让他们当着我的面把各自的要求、想法充分讲出来，既让他们彼此搞清楚误会的症结，也让我搞清楚他们的现实诉求。我相信都不是什么大问题，只要把一些能调解解决的问题当场解决掉，再把话说到位，矛盾就容易化解了。

调解的那天，我就先让他们两边充分地把事情讲清楚，慢慢搞清了造成双方误会的症结所在，一共归纳出了9个方面的问题。我让两个负责包村的副镇长筛选立刻就能落办的问题，当场答复，当场解决，一下子解决了6个。然后我开始跟他们讲感情，给双方找台阶下，如果因为两家的矛盾不能通路，这样因小失大、得不偿失，连累全村人。说到最后，双方都基本表示满意。趁着大家的火气稍退，我们趁热打铁，说今天是一个达成一致的好日子，中午镇长请你们吃饭，副镇长作陪，村民这下感到有面子了。吃饭的时候我们让矛盾双方挨着坐，他们一开始还很别扭，因为闹矛盾彼此已经好几年不说话了。但是现在有镇长在中间坐着两边劝和，气氛慢慢也就融洽了，饭吃得开开心心，都表示在镇里干部的帮助下，问题解决得差不多了，当初的误会也弄清楚了，都是从小一起长大的，还是亲戚，再闹就不好意思了，回去后保证抓紧把路修起来。

这个问题就这么顺利解决了，两家人以后果然不再闹，路很快就顺利修通了，皆大欢喜，还杀了猪一定要回请我这个镇长去吃饭。

把这个问题漂亮解决，让我这个"外地人镇长"在镇里站稳了脚跟，群众可不再是要看笑话的心态了。

在质疑声中慢慢成长，是初来乍到的新干部的必修课，再讲讲你是如何在工作中不断学习和进步的吧。

我刚去当镇长的时候很多东西都不懂，只能是一边学一边干，除了向书本学理论、学政策以外，更多是向身边人学，向领导、向同事、向群众学习，也向生活、向实践学习，三人行必有我师嘛。尤其是身边的领导，更是最好的师傅。领导之所以成为领导，一定有过人之处，这样的学习机会绝不能放过。

我当了两年镇长，前后配合过两任党委书记，从他们身上学到了很多，好像就没有他们解决不了的问题。在"清洁乡村"活动时有个整治河道的工作，如果靠政府出资整治的话，光工钱就至少要20万—30万元。我们的书记平时工作做得细致，在当地有很好的群众基础，掌握了管用的群众工作方法，成功地点燃了群众的热情，最后有400多名群众被动员起来义务劳动，只要求政府提供了一些必要的工具，其他的什么都不要，连续搞了一个星期，把那条河里面的杂物全都清理出来，工作质量非常高。一个原本至少几十万元的工作，仅仅花了一两万元就完成了，而且因为是村民们自己的劳动成果，所以他们事后非常珍惜，能自觉互相监督，共同维护这条河的整洁。这件事对我触动很大，更加认识到了选调生下基层工作的必要性，认识到人民群众力量的强大，更加体会到为人民服务的重要性。只有深入群众，才能真正掌握做群众工作的方法，培养对群众的感情，然后才能敢于面对群众，解决群众最迫切的需求。当乡镇领导开展工作，不能什么都靠钱，而是要掌握这样的工作方法，深入一线，依靠群众，发动群众，充分做好群众思想工作，才能顺利地推进工作。

很多人都说现在的基层工作非常难做，当领导的既要开展好工作，又要赢得群众的信任，实非易事，但是你却乐在其中，有什么诀窍吗？

在工作中总会遇到各种具体的困难，但是有困难不能绕着走，遇到困难要顶上去，一是要下定决心，只要认准的事，用心用力去干，就能干成；二是要有勇气，敢于一个猛子扎进去，才懂水的深浅；三是要注重调研，深入群众，找准解决问题的"钥匙"；四是要抓住关键，牵住"牛鼻子"，就能迅速解决问题和困难。我相信办法总比困难多。在这点上，当干部做事和当学生做题是一个道理，再难的题，只要用心做，找到解题的思路，用对公式，都会迎刃而解的。做事也是，要找到关键的方法。

要说有诀窍，就是要把这里当成自己的家，把群众的事当成自己的事，多做对地方发展有益的事情，多做对老百姓有用的事情。公道自在人心，对的事做多了以后自然会得到大家的支持，在群众中有威信。得道多助，这个"道"，就是我们一心为民、一心为当地发展，抓住了这个"道"，自然就会得到群众的支持和拥护，实现心往一处想、劲往一处使，把事情一件件做成、干好。

在镇里工作期间，我至少做了三件特别受群众欢迎的事，在为老百姓做事的过程中，自己也感受到了真正的快乐。

第一件事，是争取到了200多万元的专项资金，嫁接了4000亩地的荔枝。

我们镇的主要产业是荔枝，全镇种有八万多亩荔枝，占全镇国土面积的一半，是广西有名的"黑叶荔之乡"。但是黑叶荔这个品种种植面积广、产量大、价格低，不值钱，农民没有积极性，不愿意管理，山上的荔枝树都变成了风景树，有很多人甚至把荔枝树都锯掉了。这么大的一个产业如果荒废了就太可惜了。我当了镇长之后，天天在思考该怎么解决这个问题，到处请教村里的土专家，还有市农业局、科技局的专家，跟他们聊，最终得出结论，要通过嫁接技术，对全镇的荔枝品种进行升级换代，从原来不值钱的黑叶荔改造升级成收购价更高、卖得更好的妃子笑、贵妃红和鸡嘴荔。但很多群众一下子拿不出这么一笔钱嫁接改良荔枝，担心有风险，普遍处于观望状态。我们要推广嫁接就必须先搞试点，要想起到足够示范作用，规模还不能太小，所以我们初步考虑要先做 4000 亩，评估每亩需要经费 400—500 元。

为了找到这笔资金开展试点，我们把上级发改、财政、农业等部门的支持政策都翻遍了，终于找到了我们这个项目符合的政策。之后，我牵头对镇里的荔枝产业重新进行了分析，把推广嫁接后能够实现的经济效益和社会效益弄得清清楚楚，编写了项目申报材料，向上跑部门、跑项目，得到了上级的大力支持。最终我们一共争取到了 200 多万元的资金，以鸡嘴荔和贵妃红为主要品种改造了 4000 多亩荔枝。

荔枝品质改良后，三年就挂果了，而且销售情况确实挺好。果农收益显著提高，种植的积极性一下被调动起来了，大家都愿意好好管理荔枝树，渐渐形成了良性循环。而且这些新品种跟黑叶荔比起来还有一个优势，就是没有大小年，年年都能丰产高产，群众的收入也随之增加了，惠及了全镇几万群众。

你的成就感来自帮老百姓解决实际问题、提高收入，确实是一种实实在在的快乐。

另外，还有两件事我觉得也是很有意义的。一是解决了大片农田的灌溉问题，二是重新硬化铺设了全镇的街道。

新棠的水利是个老问题，每次镇里开人代会，群众反映最多的就是水利问题，很多水渠年久失修，农田经常缺水灌溉，成为"望天田"。我们下决心一定要把这个问题给解决了。经过努力，最终从上级发改部门争取到了800万元用于规划建设千亿斤粮食生产能力的田间工程，又配合钦北区水利局一起争取到了中央财政小型农田水利工程建设补助专项资金2000多万元，总共2800多万元的资金。我在任的时候所有的方案和资金都已经全部落实到位，工程开始全面施工，离任后不久就竣工了。全镇总共有水田1.71万亩，项目竣工后能灌溉1.5万亩，有效解决了全镇大部分农田的水利灌溉问题。

还有，我刚到镇上工作的时候，基础设施还比较差，街道都是20世纪修的泥土路，基本没有人管，也找不到资金进行修建。经过我们的努力，加上上级领导的支持，最后成功地为镇上申请到了专项资金，把镇上所有的泥土路全部做了硬化，还做了排水系统，彻底改变了集镇的环境面貌。

我有一个疑问：既然这几个问题多年都没得到解决，必是有什么难以克服的难点，你是一个新来的年轻镇长，是怎么做到的呢？

解决这些问题的最大难点其实是如何解决资金问题，而我在这方面恰恰有优势。第一，我在这方面有比较充分的实践经验，在基层工作看到类似这些因为争取不到项目、资金导致工作推进不了的问题时，我很着急，下决心要去解决这些实际问题。第二，我一毕业就在发改局工作，对怎么策划项目非常熟悉。上级每年对基层的建设都有很多的政策和经费支持，无论是修路还是修水渠，不同门类的项目和经费有不同的申请、拨付渠道。有时候同一个项目同时符合好几个行业的政策，还可以向不同的主管部门同时申请，共同拨付。我在发改系统积累的经验让我非常清楚什么样的项目符合什么样的政策精神，能从哪个渠道更快、更合规地要到钱，同时也懂得申报项目的技巧。在发改局工作的两年，让我扎实地学到了做事的本领，也让我成了特别会抓项目的镇长。第三，大学的学习经历让我比较善于开展调研工作，到基层工作后更是经常到一线开展调研，与大家一起钻进去研究策划一批项目，遇到问题主动向领导、同事和群众请教，深入研究政策，弄清资金投向，实事求是拿出能够解决问题的可行性方案，我编写的项目方案既脚踏实地又符合上级政策精神，申报项目的成功率就大很多。

原来如此。看来不断从上到下、再从下到上轮岗锻炼的机制，的确有利于领导干部的成长，更有利于实际工作的开展，让老百姓获利。

是的，不同的岗位能让我了解不同的工作要求，学到新的工作方法。我当镇长，全镇的干部加上各村的村干部一共有100多人，我天天琢磨的就是如何发挥这些人的作用。一百多人干事一定好过我自己一个人干，尤其是在实际操作层面上，他们每个人都非常有一套，所以我一方面要想办法让他们发挥作用，另一方面也要向他们学习如何去搞具体的工作，学习他们的实操经验，在一旁观察思考，一起下去工作的时候注意观察总结他们的成功做法，然后触类旁通地为己所用，等再遇到相同的工作时，我就有办法了。

基层工作让我有个深切的体会，就是要想当一个好的领导干部必须要有两条：一是要真心地为地方发展做实事，解决老百姓的切身问题；二是要想法设法调动干部群众干事的积极性。

新棠镇在钦北区是最远最偏的，镇上基本没什么正经的饭馆，镇政府有食堂，但设施老旧，卫生条件也不怎么好。即使这样，每天晚上吃饭的时候，像我这样家不在镇上的干部不管好吃不好吃都尽量要多吃一点，因为晚上一旦饿了真没有地方去找吃的。镇政府的办公条件也较差，80年代盖的那种预制板的平房，里面连个钢筋都没有，完全就是个危房，干部群众对办公安全问题也反映过多次。我们后来想办法筹集资金翻新了办公楼，在拆房子的时候对房子的危旧情况一一拍照，为的是让大家放心，我们把每一分钱都用在了该用的地方。

新办公楼盖好后，我们翻新了食堂，解决了干部职工"吃饭难"的问题，后来这个食堂被公认是在乡镇一级食堂中搞得最好的。我们那里太偏远，赶上有领导和工作队下来工作的时候，我们一定要保证他们不用到外边自己找饭吃。我们定了一个规矩，每次不管谁来，一定要保证他们在食堂有工作餐吃。条件不好、菜简单点没关系，至少能保证卫生，保证吃饱，让来的人感觉到了我们这里不用为吃饭的问题犯难。有了人情味，人际关系更加温暖，工作起来自然能更加上心。

在镇长的岗位上经受了锻炼后，你又去了新的单位？

组织上非常注重对选调生的培养，我个人的机遇也确实不错。2015年1月，我被自治区发改委临时抽调去跟班学习了半年，这让我在基层锻炼了几年后，又有了进一步学习充电的机会。在基层我主要是负责政策的落实，去发改委跟班学习能在自治区层面亲身经历和感受制定宏观政策的全过程，给自己提供了换位思考的机会。

2015年5月，我被任命为钦州市环保局副局长。

你是学化学的，去环保局应该能发挥不少专业上的优势。

我学的专业，确实与工厂的工艺和环境保护都有较强的相关性。将这些专业知识运用到工作实践上，有些风险和隐患就更容易被发现，能够更及时防患于未然。

我们经常要去化工行业企业检查，有一次去检查一个做乙炔的化工企业，出于所学专业的本能，我一眼就看出几十米外有管道发生了漏气。开始同事们都不信，那种气体是无色无味的，怎么能一眼就看出来？我坚持自己的判断，让厂方赶紧派人检查，结果果然如我所想。我的理由很简单，因为我看到那里的空气发生了折射，说明空气的密度发生了变化，只有其他气体泄漏才能解释这种现象。这算是用上了我的老本行了。

环保局的工作重点是环境保护，一般的手段是去企业看排污口是否达标，我们的办法却是看他们的生产工艺，问他们产品生产的流程，生产什么产品，上一级的原料是什么，中间有哪几次反应，由此产生的副产品是什么，用什么方法处理这些副产品，等等……通常来回几次问答就能发现他们的生产是否有隐患，问题可能出现在哪里，然后去检查核实，再让他们就地整改。

比如，有一个企业要对肉桂酸进行加氢反应，他们宣称自己环境保护方面做得很好，绝对没问题，十多年来从来没有危险废物，却被我从一个很小的地方找到了突破口。我问工艺上用什么做加氢的催化剂,他们说镍,但我知道废弃的镍催化剂是标准的危险重金属废弃物,而厂方却完全说不出它的去向。因此,我马上组织同事对该企业进行调查,并进行了处罚。

为了确保环境安全,类似的查风险、排隐患是我们环保工作的重中之重,也正因为我们平时的扎实工作,特别是充分运用好专业知识,加强平时的检查执法,我在环保局工作期间,没有发生过重大环境污染事故,总的来说还是平平安安的,工作也得到了市领导的肯定。

我在环保局工作的时间不长,只有不到一年。2016年初,自治区为培养年轻干部,集中选派有博士学历的到县里担任党政副职,有硕士学历的到乡镇担任党政正职,我在4月底调离了环保局,被派到了浦北县任副县长。

听说那一次有很多博士学历的干部下到县里任职,有不少人职级都比副县长高,你会不会有落差?

我来自农村,可以说是一个最普通的农村娃,完全是得益于学校的宣传介绍,还有广西推出的各方面政策,才让我有机会到政府机关任职。小时候在家想见个副乡长都难,现在自己才31岁就已经任职副县长,已经非常了不得了,我很知足,始终对组织的教育和培养充满感激。我考虑的根本不是待遇级别这些事情,而是觉得要学的事情太多了,组织给自己一个可以干很多事的平台,生怕自己干不好。一个人不能只考虑有什么级别,能不能当上领导,更要考虑的是自己到底会干什么,懂什么。什么都不懂,什么都不会,即使坐上了自己期盼的位子,心里也不踏实呀,工作不可能做好。

我上任副县长后,接到的第一个重要的工作就是创建自治区级的农业示范区。一方面这是自治区的目标任务，另一方面我们浦北县是自治区农产品主产区，对这个示范区志在必得。

那一年有很多县都有意向要申请示范区，竞争激烈。大家开始信心不足，觉得我们的条件没有优势，不相信真能创建成功。特别是我们开始抓创建示范区的时候，时间已经非常紧了，只有七个月的时间。申报示范区要求非常多，有很多很具体的打分标准，其中涉及最多的是硬件上的要求，比如路要达到什么程度，村里面的面貌要有什么改造，还要引进龙头企业，农民专业合作社必须保证有多少个，还要有深加工企业……但我却对完成任务有把握，毕竟在很多单位干过，已经掌握了一些工作方法和技巧。我最爱说一句话，叫"杀猪杀屁股，各有各的杀法"。

我喜欢研究政策，研究这个政策出台背后的精神实质是什么，这应该是我的一个优势。一般人对政策只是学具体内容，上面有几条回去落实几条就完了。而我却喜欢去思考这个文件的背景和精神是什么，出发点是什么，想要达到什么目的……搞清楚这些，再去指导具体工作，就有的放矢了。

通过研究"特色农业核心示范区"的相关文件，我归纳总结出了四个关键词。第一个就是"特色"，不是传统农业，而是有特色的，一般人没有而我有的才叫特色。第二个是"示范"，所以搞的东西一定是可推广、可复制、可带动的，不能搞那些别人学不了的东西。第三个是"核心示范区"，就代表不用把规模做得特别大，太大了以后要投的钱太多，效果并不好，要把现代农业的好东西尽量进行集中展示，让以后全县想学先进的人，有就近学习的地方，在这里想看什么都有。第四个关键词就是"科学性"，别人的好做法、好经验我们都要学习，但绝不能照搬照抄，一定要因地制宜，根据自己的实际情况，走自己的路。

思路明确了之后，工作就能有的放矢，得以高效开展。我们制定了实施方案并严格落实，对创建目标实行分类分级管理，绝不"眉毛胡子一起抓"，搞清楚打分的标准后一分一分地抠。把任务分解，然后倒排工期，职责明确，责任到人，定期召开协调会推进工作，现场办公解决问题。这就好比我们把解题思路弄清楚了，所用的公式也都摆上了，剩下的就是大家一起分头演算。大家心里目标清楚，手中任务明确，能看到希望，所以干劲都特别大。

在最后的评比时，我们的总得分是全市第一名，是当时全钦州唯一的自治区级四星级现代特色农业核心示范区，总面积6800亩，带动了北通、白石水等5个镇发展优质荔枝和番石榴种植，实现农业发展、农民增收、农村建设的目标，示范带动效果非常明显。全县的干部都很兴奋，大家都说没想到用了7个月不到的时间就能成功创建"特色农业核心示范区"，更没想到我们能拿到整个评比的最高分。

说句玩笑话，我读书这么多年，在怎么考试、怎么答题、怎么得分上颇有心得。用到实际工作中，就是吃透政策，最大限度依照政策指导，制定我们的工作思路，交上能将政策切实落实到位的答卷。

你的工作方法的确很有特点，用博士做题的思路来做事，善于分解任务抓重点，把复杂问题简单化，绝不"眉毛胡子一起抓"。

我在工作中有一个"136"原则。

在我看来，所有的工作都能分成三部分：60%是常规工作，30%是比较重要而又有一定难度的工作，还有10%的工作是最重要也是最难做的。对于60%，我基本上放手给同事去做，只需要抽样检查，常规工作常规做就行了。对于30%，需要经常过问，定期跟踪。而我的主要精力全都放在那个最难的10%上，最重要和最难做的工作就需要我自己亲自做。"1"既是难搞中的难搞，也是关键中的关键，是解决所有问题的突破口。我就全力以赴对付这个，擒贼擒王，一旦这个被我拿下，所有问题就会迎刃而解了。亲自做"1"，跟踪"3"，关注"6"，有了这样的工作方法，再困难复杂的工作也能被分解成易于完成的小目标，把复杂问题简单化。

就这样，我干了大半年的副县长，一直埋着头努力干活，尽管分管的几项工作都有难度，比如农业示范区、土地确权、创建甘蔗高产高糖的双高基地等，但经过努力后成绩都还不错，没有辜负领导的信任。

到了2016年底，我的工作岗位又做了调整，担任了县委常委、组织部部长。

我工作后一直在政府系统轮转，锻炼做事的能力，现在轮岗到党委系统，能锻炼把握全局的能力，学习怎么做人的工作。反正不管在哪一个岗位上，我都要争取把工作做好。

在浦北工作期间，县委常委、组织部部长杨永冲（左一）参加浦北县电商运营中心调研。

杨永冲调研"党旗领航·电商扶贫"产品展销

　　我当了两年多的组织部部长，总的来说算是比较顺利，也没怎么遇到所谓"跑官要官"的。能做到这样有几个原因：一个是党的十八大后从严治党，政治生态确实发生了很大的变化；第二是我们县的整体风气比较好，领导做事公道正派，奖惩得当，导向正确，提拔一个激活一片，免职一个制止一片，无论是提拔还是免职，总体上能让大家服气，政治生态自然就比较好；第三，就是大家都知道我这个人的风格，从来不搞邪的歪的，不吃请客送礼那一套。除了必需的公务接待，我都在食堂吃工作餐，不喜欢出去吃饭，谁也不用找我搞关系，只要干部的能力被我们发现，在工作中能干活、肯干活，就尽量把他们提拔到合适的岗位上。

　　做组织工作，最重要的就是党性要强，要有过硬的规矩意识、红线意识和底线意识，在干部选拔任用方面必需公道正派，因事择人，提拔的干部要忠诚、干净、担当。

听说你对扶持壮大村级集体经济这方面有突出的成绩和创新，被上级作为"浦北经验"予以推广？

扶持壮大村级集体经济是脱贫攻坚一项很重要的工作，原来是由农业局负责牵头组织，但因为工作难，进展慢，2017年开始改由组织部来牵头推进，农业局配合，两个部门合在一起干。

为了搞好这个工作，我们花了很多的心思，做了大量的调研，结果发现，因为种种历史上的原因，曾经有很大一部分属于集体的资产被低价出租，明显有失公平原则。

我们决心要把那些明显不合法、不公平、不规范的合同全部清理出来，依法依规作废整顿后再重签合法、公平、规范的新合同。我也知道这样做一定会遇到很大的阻力，但我认为这是为了县里发展大局，对老百姓也有好处，不是为我私人做事，所以无所畏惧，无欲则刚。我们在全县范围内对村级集体经济不合法、不公平、不规范的"三不"合同开展了集中专项清理，以此作为壮大村级集体经济工作的重要突破口。村民们觉得我们给他们主持公道了，对我们的工作特别欢迎，特别支持。我们最终追讨回来了被侵占的集体利益，最关键的是为绝大多数的村民争取到了应有的公平正义，在某种程度上还起到了稳定社会秩序的作用。

事后，我们及时总结了这次清理"三不"合同的经过及相关经验，我们的这一方法属于全国首创，得到了自治区主管扶贫工作领导的高度肯定，批示要求适时在全区推广"浦北经验"。这个做法后来还被中组部的领导高度肯定，在全国组织系统培训班上被当作成功案例来引用。

我们这些选调生出身的干部有自己的一些优势。首先做事一般都比较认真和负责，其次具有一定的政策理论水平，再次相对没有私心。没有私心这一点很重要，一旦在工作时只凭公心，那么一个人的格局和形象就会高大，就可以一路披荆斩棘。

你的工作经历给人留下两个特别深刻的印象，一是自信，二是有办法。不管任务多难、多棘手，你总是有信心和办法将其战胜和克服。

从参加工作开始我就在基层任职，一路面对各种急难险重，在环保局更是各种"排地雷"，这样的经历特别锻炼人，干多了以后，不管再遇到什么，人都会很自信。工作中难免会遇到困难和挫折，这在我看来就是一种挑战，我甚至很喜欢这种挑战，每一次的胜利都是一种成长。

2019年2月，组织上再次调整了我的工作岗位，转任浦北县委常委、常务副县长，在这个岗位上需要处理的棘手难题就更多了。还没正式上任，县长就通知我立即去处理一个紧急的环保问题。

杨永冲接受浦北县常务副县长任命书

我们县里有一个垃圾填埋场，因为设备老化了，雨水灌进了应急池的渗滤液，导致池中的水越积越多，不仅影响垃圾处理的能力，而且如果再下几场大雨的话，会导致严重的环境污染事故，必须立即解决。

按照施工方的方案,工期要三个月。我一听就急了！当时是三月份，广西从五月就进入汛期，一旦遇上大雨情况不堪设想。我多次到现场勘查协调，很快主持制定了解决方案，要求施工方必须在一个月内完工。

施工方起初听说我是刚从组织部来的常务副县长，觉得我是做党务工作出身，肯定是个外行，所以对我提出的方案一再推脱难度大，不肯配合。后来得知我是清华的化学博士，还做过市环保局的副局长，是标准的内行，这才端正了态度，最终按照我们提的要求重新制定了抢修方案。

整个处置工作最后只用了20多天就把污水全部清理干净了，成功地抢在雨季到来之前把一颗环保的大地雷给排除了。不仅时间快质量好，花费造价也比预期大大降低了。

民间有种对常务副县长的有趣说法：县长负责全面，常务全面负责。

这其实在某种程度上是对常务副县长工作性质的一种概括，但并不十分严谨准确。常务是县长的主要助手,什么都要管。常务是管家婆，要管全县干部的吃喝拉撒，要找资金来运转。常务是推土机，不管是谁分管的工作，只要有了疑难杂症，遇到困难了，都有责任去大力推动。

我现在工作上分管工业，财税，重大项目推进，资金预算等，要筹集各种资金，把资产资源盘活，既要保运转，又要保发展。所谓保运

杨永冲到浦北县张黄镇调研消防队建设情况

转,就是要保证机构的正常运转,灯火通明,工资发放;保发展,就是要谋取发展,很多问题必须通过发展来解决。

全县的企业我都有责任服务好,不管是民营企业还是国有企业,只要把困难放在我面前,不管多难解决我都不推,让他们把全部问题逐一列出清单给我,我马上帮企业开工作推进会。我给自己定了一个规矩,每个星期起码要有半天时间来开服务企业的工作推进会,每次会上排队解决企业的问题。虽然开一次会不可能百分百地解决所有问题,但是每次都能定下哪些问题当场解决,哪些问题跟踪解决,一次不行我可以接着再开一次,这样能非常有效集中地解决企业的困难,减轻企业的负担。

杨永冲到浦北县泉水工业园区瑞威塑胶厂调研

不管是什么企业,只要你有问题找到我,我就想办法帮你推进,帮你解决。

当常务副县长后,还要谋划全县的经济发展,要找项目。但是,有了项目没有用地不行,有用地不符合规划也不行。咱们国家为了保证粮食安全,有个十八亿亩耕地红线,每年农用地转成建设用地有一个极为严格的控制指标,为此还推出了"城乡建设用地增减挂钩"。简单地说,某一地方的建设用地如果需求量大,就要先把其他某个地方现成的建设用地复垦成农用地,然后才能在需要的地方再增加建设用地。同时,征地时还有一个指标,叫占一补一,占优补优,也就是说,占多少耕地,不仅必须同时补多少,而且占了好地,补回来的也必须是好地。

作为常务副县长，我现在必须多想多干，上任后一直在大力推动"增减挂钩"和"旱改水"这两项工作。"旱改水"就是把旱地改为水田，给未来的发展预留下足够的空间。这两个工作一旦做好了，不仅能让县财政变得充裕一些，而且能够破除"用地少"这个经济发展的瓶颈。

定向选调生是一个培养后备干部的特殊政策，但并不是每个人都发展得那么顺利，在被提拔和任用上存在着一些差异。你是第一批的定向选调生，怎么看这个问题？

我愿意开诚布公地谈一谈对这类问题的看法。

第一，我们每个人在决定走这条路的时候，目的就不完全是冲着所谓的待遇和级别来的，所以在提拔和任用上不能抱有过高的预期。我们就是一名普通的公务员，这么多年组织对我们的照顾和关爱已经足够了，不能要得太多。就算我们有人一时没有得到想要的平台，也要用平常心去正确对待，不能撂挑子，要更努力工作，要更从自己的角度去反思，还有哪些地方可以做得更好。庄稼最后能不能长好，种子和土壤都很重要，不能强调单一方面。

第二，任何一个人，都要正确对待"定向选调生"这个标签，既要记住又要忘掉。在谋求待遇级别时一定要忘记自己是硕士和博士，忘掉自己是定向选调生；但是在工作时却要时刻记住，记住自己曾经来自哪个顶尖高校，要用高的标准去开展工作，高标准、高水平的工作成绩才能对得起这个称号。

一颗平常心，保持高标准，世界上没有那么多的应该和不应该。对我们定向选调生来说，只有一样是应该的，那就是要坚持一心为公、一心为民，在为民服务解难题、干事创业讲担当中应该比别人做得更加出色！

❈ ❈ ❈

杨永冲的性格外向，诚恳热情，在谈起未来工作的构想时滔滔不绝，眉飞色舞，可以清晰地感受到他的自信与憧憬。

自信得之于历练，憧憬则源于热爱。杨永冲说，做事的道理其实和学习是一样的，学习是一道题、一道题地给自己建立信心，工作是一件事、一件事地给自己树立信心，做成的事情越多，信心就越足，别人就慢慢地对你不再怀疑，甚至变成信赖。

采访后不久，他的工作岗位又有调动，担任钦州市石化局局长。当初正是因为钦州有石化，杨永冲才坚定了要来当选调生的决心，他用了九年的时间，把自己从会做题锻炼到会做事。现在，他重新回归了专业，从"梦开始的地方"再出发……

陈 蒙

去基层做事是我的第一志愿

陈蒙，1986年生于云南，2004年考入北京大学中文系，2011年毕业，硕士，中共党员，求学期间就立志去政府机关工作，当定向选调生后坚决要求去基层任职，历经不同工作岗位的锻炼，现为崇左市发改委副主任。

在中国，无数的年轻人高考时都以考进北京大学为荣，可据说它却不是你最想考的第一志愿，最终上得还有些"不情愿"，这究竟是怎么一回事呢？

我是农村长大的孩子，在父亲的鼓励下从小比较爱读书，家里上几辈都没人上过大学，能考进北大简直算是光宗耀祖了，哪里会真不情愿呢！只不过我一直对农村的事感兴趣，想将来学以致用，最想学"农村区域经济管理"，但北大没有这个专业，而且我的考分并不足够高，报北大的话录取的专业可能不理想，所以一开始才有点犹豫不决。后来学校的老师和上几届的师兄师姐苦口婆心地劝我，我自己也实在不想错过这么好的平台，最终还是下定决心进了北大中文系，本科四年后又继续攻读古代文学的研究生。

现在回过头来看，幸亏当初做出了最正确的选择，北大自由民主的学风非常适合我，七年里除了上本专业的课，还能经常去听各方面的讲座，看了很多社会经济学方面的书，渐渐想去政府部门工作，就有意识地多关注中国基层的发展情况，多参加这方面的社会实践活动。

为了早做准备，你不仅去北京郊区实习过，甚至还在读研究生期间去西藏当过一年志愿者？

对。中文系的研究生是三年，第一年上课，剩下两年主要用来写论文。这期间我听说有一个去西藏做志愿者的活动，按规定是毕业的人才能参加的，像我这样研究生在读的，如果想去就要延期一年毕业。我舍不得这个机会，就去和导师商量，结果系里和学校对我的想法非常支持，最终同意破例，只要能确保按时完成论文，就可以不延期毕业。这样我就去了西藏，在党委宣传部的文明办工作了一年，算是对省直党政机关的生活有了直观的体会，感觉机关工作虽然能胜任，但工作内容跟基层相比却不够鲜活，有时候我陪领导下乡到村里调研，觉得农村的那些事反倒比机关有意思多了。

陈蒙参加"大学生志愿服务西部计划"出征仪式

陈蒙参加"大学生志愿服务西部计划"，作为志愿者到西藏乡村调研。

原来我是打算回老家云南工作的，但毕业前正好遇到广西来北大招定向选调生，各方面的政策听下来都非常好，和我自己的规划也吻合，所以最终就报名来到了广西。自治区党委组织部征求我们对工作岗位的意见，我说就是想去乡镇，玉林、梧州、贵港……去哪儿无所谓，哪个方向、哪个地区都行。就这样我被分到了崇左市的江州区。我本来想去更基层的单位任职，但组织上可能认为我太年轻，又刚来，不熟悉情况，最好先适应一段时间，以后再往下派。

这样我就先在组织部干了一年，心里却天天在盼，什么时候才能把我派下去。

前半年我主要是熟悉部里的各种情况，从打扫卫生开始。一般早上我提前一个小时到单位，先打扫各个办公室和会议室，然后再扫院子。通常到把院子扫到差不多一半的时候，其他干部陆陆续续来上班了。崇左的天气特别热，我又喜欢出汗，每天早上打扫完，整个衬衫几乎湿透了。白天上班就是负责送文件、取文件、发放报刊，看到有人来访了就接访倒茶。

即使别人觉得这有点大材小用了，你自己却也没多想，还是按部就班地工作，就算是端茶扫地这样的小事也一定要干好。

这其实对我是一个很好的历练过程，要想做好大事，必须先要学会做好小事，很多看上去很基本的小事，其实我们并不一定能做好，要利用做这种小事的机会让自己积累经验，吸取教训，获得成长。刚开始我每天打扫的时候，都会擦部长屋里的沙发，时间长了就觉得不用擦好像也挺干净，就会偷点懒。有一次纪委书记过来找我们组织部部长，在沙发坐下，往后一靠，衣服都沾上了灰。当时部长并没说什么，可我在旁边就很窘，心里惭愧，从那以后再不敢偷懒了。

看到我表现不错，半年后部长让我去干部股工作，这是组织部里最核心的部门，我在那里干了不到5个月，收获却很大，对体制里干部晋升的情况和规律有了一些了解。在基层获得提拔其实是有"天花板"的，当初很多叱咤风云的青年才俊，拥有非常好的干事平台，不到三十岁就被提拔成处级干部，可是做了20多年后，很多人到最后退休也还是那个位置。这让我更加明白，在政府机关工作的人一定不要只关注怎么能升职，要想怎么才能多做事，珍惜能让自己多做事的平台和机会，在做事中保持工作的动力和激情。亲手干成很多事才是真正的成就感，受到大家的认可才是真正的满足感。

对干部来说，一个好的激励机制，不一定只是升职，更重要的是让他们能获得做事的机会。

在组织部干了一年后，我被下派到崇左城区所在地的太平镇挂职副书记兼街道办副主任，党政两边的工作都能接触到，干了很多的具体工作，很受锻炼。纪委书记去生孩子休产假了，我就代理纪委的工作；武装部长提拔了，征兵没人管，我就去管征兵；最有意思的是后来计生办主任没人，我们书记说这事总得有人去管，年轻人冲劲足一点，你去当计生办主任吧。计生办是全街道最大的站所，有车有钱又有人，有18个计生干部，全都是老同志，最年轻的45岁，而我才20多岁，还没结婚，很多事情搞不清，业务很不熟练，又是外地人，不懂当地的方言，专业术语听不懂，大家经常拿我开玩笑。

玩笑归玩笑，但分配给我的工作一定要干好。那个时候国家的计划生育政策还没有调整，很多工作还是有指标要求的，工作任务很重。我认认真真地学业务、学政策，跟在别人后面多听多看，很快就听明白那些术语是什么了，慢慢就能大胆地开展工作。上任一段时间后我发现计生办的人员构成很复杂，有聘用的，有在职在编的，包括公务员编和事业编，但有些有编制的人反而干活不多。为了更好地调动工作的积极性，我想了一些办法，按照几个村分成不同的片区小组，同时提拔一些能干的人当负责人。我把有编制的人单独编成一个组，其他没编制的人另外分成两三个组，组长也从没编制的人中提拔，给他们应有的待遇作为激励。同时还有一些创新性的举措，搞了不少宣传活动。

我在计生办干了一年，工作搞得很扎实，年终评比中得了一等奖，街道办的书记和计生局对我们都很满意。江州区委看到我学历比较高，又在基层扎扎实实地锻炼了一年，干得不错，就把我调去当区委办副主任，分管写材料；干了不到 4 个月，又被市委组织部临时抽调到群众路线教育办的综合组工作，除了写材料总结亮点，还负责市领导的相关发言稿，多次得到市委书记的表扬。

任务结束后，市委办觉得我的能力还可以，想把我留在市委办的综合一科，但是跟在机关写材料相比，我更喜欢去做具体的工作，所以在组织部征求意见时，我表达了更想到乡镇去干实际工作的想法，最终得到了领导的支持。2014 年 9 月，我被派到驮卢镇当镇长，那是崇左人口最多的大镇，有 65000 多人，这个任命出乎很多人的意料。

当时你才 28 岁，这么年轻就能拥有一个这么好的做事平台，对事业的发展来说确实挺幸运的，也说明你来广西三年的工作表现确实得到了大家的认可。

在基层工作，每年都会有一些重点任务，印象最深的是推广"双高"基地。

种甘蔗是我们那里的传统农业，原来是各家分散种植，老百姓每家每户的地，小的才几分，大的也不过几亩，一家种十几亩的甘蔗，收割一次要跑好几个地方，有很大弊端。首先是不通路，各家的地块彼此错综复杂地在一起，要想去砍自己家的甘蔗，就必须先穿过其他好几家的甘蔗地才能砍得到，很辛苦。其次是生产效率低，机械根本进不去，连转弯的地方都没有。还有很多地方缺水，造成甘蔗地的旱情很严重，直接影响到质量和产量。所以要有针对性地推广"双高基地"，把土地小块并大块，实现规模化经营管理。

不是什么地方都适合推广土地连片的，有一些客观条件的要求，石头太多、坡度太大的地方就不适合推广，会影响机械化作业。在确定双高基地之前，我们必须要先和技术人员一起下村摸排情况，看看哪些地方适合做，再把这片土地纳入做"双高"的范畴，目标是"三化"：第一是规模化，把田埂打掉，把小坡推平，把路修通；第二是水利化，找到水源，把水管拉到地头；第三是机械化，土地连片之后可以用机械来种植。

我在"双高"上投入了很大精力，跟书记各自分工挂点，组成了两个班子专门做这个工作。我挂点的是一个特别大的片区，有7000多亩，要把那里的土地小块并大块，至少要让各家的土地都相对完整，不再各自分散，整成一块或者两块。经过努力，驮卢镇"双高"的进度和质量都做得比较好，在全市做到面积最大，一年做到了4万多亩。

这个工作难度特别大吧？要想让各家的土地相对集中，就必须把原先的田埂全都打掉，把一个村的土地让老百姓重新分一轮，某种程度上就相当于重新搞一次土地分配。

工作确实很难做。当初承包分地时，为了最大限度保证公平，好地坏地各家都平均一下，才把地块分得那么零碎。现在想要合并起来重新分，就可能有的人全都是好地，有的人全是坏地，农民肯定要急，从前期的摸排阶段开始就问题重重。具体的地形是很复杂的，做方案时难免会有人占便宜有人吃亏，矛盾自然就多。比如有的地方是水淹地，一年里有好几个月泡在水里，这样的情况该不该纳进"双高"基地？再比如有的人家有十亩地，其中既有适合做"双高"的黏质土，也有石头很多的沙质土，但群众不会同意只要其中的黏质土，不要剩下的砂石地，要想做"双高"就要把他所有的地全都要走。还有，做"双高"时要进行土地整理，把一些陡坡推平，那里原来的耕作层必然会发生移动，重新翻上来的土壤比较贫瘠，这对老百姓来说就是了不得的大问题，把原来的好土推走给我留下坏土，坚决不行。

　　类似需要处理解决的问题数不胜数，包括到底该修多少条路，具体怎么修，这方面的矛盾更大。按照政府的想法，原则上是不允许修太多路的，一是成本高，二是会占用过多耕地。但老百姓的想法不同，为了方便少吃苦，最好把路修到地头。这些都需要我们去想各种办法，去跟群众反复讨论、博弈直到最终说服。

　　真正到了重新分地的阶段，群众的思想工作才真叫难做呢！我们的办法是开群众大会做动员，一轮不行两轮，两轮不行三轮，再让群众表决，用这种办法把愿意做的和不愿意做的分出来。很多时候一个屯 200 户人家，180 户都同意分地方案，只剩下 20 户不同意，我就要带着工作队员，一户一户地上门反复做工作，反复跟农户商量，软硬兼施，好处要讲够，坏处更要讲透，探讨各种变通和置换的方法，包括能不能把不同意的人家挪到一起，在旁边划一整块给他们，真是绞尽脑汁，穷尽各种办法，实在不行就只能修改方案，有时候推了几个方案都不行……

很多人说农村工作太难做，经常是穷尽了所有的办法，可在老百姓那里就是说不通，所以为了追求效率，有时只能用一些简单粗暴的办法。你却不简单粗暴也能顺利做成"双高"这么难的事，有什么可以总结和分享的好办法吗？

中国的老百姓总的来说是讲道理的，群众工作做不下来，很多时候其实是因为我们没有把工作做到位。我带干部进村进户时，有时候村主任会说："镇长，这家你就不要去了，不用浪费时间在他身上，思想绝对做不通，谁去都没用。"但是我从来不信，一定要去看一下。通过在基层做具体工作，我对如何应对群众的抵触情绪慢慢总结出了一些规律和方法，一般会有三个阶段：第一个是发泄期，老百姓看到领导来，一定会先情绪特别激动，喊一通，甚至骂一通都有，很多干部做工作，往往才刚到这一阶段就跟对方顶起来，然后就觉得不行，就放弃了，这不行。要想做好工作，这时就一定要顶得住，不能恼火。然后会进入到第二个观察期，这时候老百姓其实是在观察你的态度和反应，权衡和判断你这个人到底怎么样，是不是真的在听他说，是不是真的有能力、有愿望帮他解决一些实际要求。有很多经常做农村工作的人，因为对老百姓已经没有什么耐心了，往往在这个阶段不过关。只要应对得当，顺利通过第二关，就到了第三个"诉苦期"，老百姓会把自己的核心诉求说出来，这才是我们真正要听的，是解决问题的关键点和着力点。所以做基层工作，不怕对方提要求，就怕对方不提。很多人真不是为了反对，只不过要借这个来达到他想要的目的，解决他真正的问题。群众工作要是能做到诉苦期，最后做通就八九不离十了。

可能这就是你们这些定向选调生的最大优势吧。在群众眼里，你们这些年轻干部受过高等教育，拥有高学历，又都是外地人，在本地没有人际关系和利益纠葛的拖累，不仅有能力、有资源给他们解决问题，同时还有同理心，愿意耐心倾听他们的心声，更难得的是态度足够好，察言观色、抓住问题本质的能力又比较强，所以总能找到和群众聊天谈心的切入点，和他们聊到一块去，往往就能完成别人做不下来的工作。

确实如此。更重要的原因，是要对自己的工作能有清楚的判断。做成"双高"后，甘蔗产量和质量都能得到提高，归根到底是利国利民的大好事，群众最多只是遇到某些短期的利益损失，但从长远看，利益肯定是大大增加的。把这些都想明白了，心里就很有底气，很坦然，过程再难也能坚持下来。

事实证明，这一次的分地确实好处非常多。我们会用GPS定位出来每块地的经度纬度，再不是拉皮尺那种办法，定位很精确，只要是做过"双高"的地方，再做土地确权时就很容易，纠纷和矛盾大大减少。

推广"双高"一般从过年前就要开始。11月底砍伐甘蔗，在砍之前我们就做摸底工作，砍完甘蔗从12月开始就全面动起来，分地一直分到第二年的五六月份，相当于要持续半年，真是从穿棉袄干到穿短袖。因为马上就要面临春耕农忙季，一点都耽误不得，所以过年那段时间是工作最紧张的时候，基本都不能在家好好过年。

忙是忙，累是累，但是整个事情做完了之后，会有很强的成就感。我从小在农村长大，干过农活，对土地有很深的感情，看到眼前连成一大片的土地，心里真是特别爽！说实话，我很羡慕崇左这边的农民，地理条件这么好，土地相对平整，最多也就是丘陵，哪里像我的老家云南都是山地，村民都要跑到山上去种地，根本没有条件做"双高"，所以推动这项工作时我特别有积极性。

"双高"是你当镇长时一个特别突出的成绩，另外还做过什么令你印象深刻的重要工作？

那要算处理"网箱养鱼"了。

我们那里有一条大河，水资源很丰富，很多年前就开始有人用网箱养鱼，投入不大，技术上要求也不高，放进鱼苗后定期投放饲料就能养，慢慢地老百姓养鱼的越来越多，形成了一个完整的产业链。

但是网箱养鱼发展了十几年后，问题开始越来越多，甚至变成了很大的环保问题。好好的一条河，群众却不敢下去游泳，游泳之后身体痒。到了每年冬春之交的时候，死鱼现象更是特别多，大家就会认为是那些化工厂排放污染物造成的。但是经过环保部门调查，问题的根源不是污染，而是养鱼太多、投放饲料太多造成的。大量的饲料沉淀到河底，造成整条河水严重富营养化，在饲料水里游泳，当然会痒了。而死鱼的根本原因则是污泥的反塘现象造成的，水温发生剧烈变化时水里的污泥翻上来，就造成鱼因为缺氧而死。尽管有了科学的解释，但老百姓还是不相信，因为这个事对政府有了很多的误解，我们每年都要去帮老百姓清点那些死鱼造成的损失，然后会想办法给他们一些补贴，绝对是吃力不讨好，必须想办法根治。

正好那段时间宁明的花山岩画要申遗，专家来看过后的意见是必须保护花山，而要保护花山，首先要恢复好的生态环境。保护大环境这是国家战略，更是为了造福后代子孙，为了人民群众长远的利益，这个

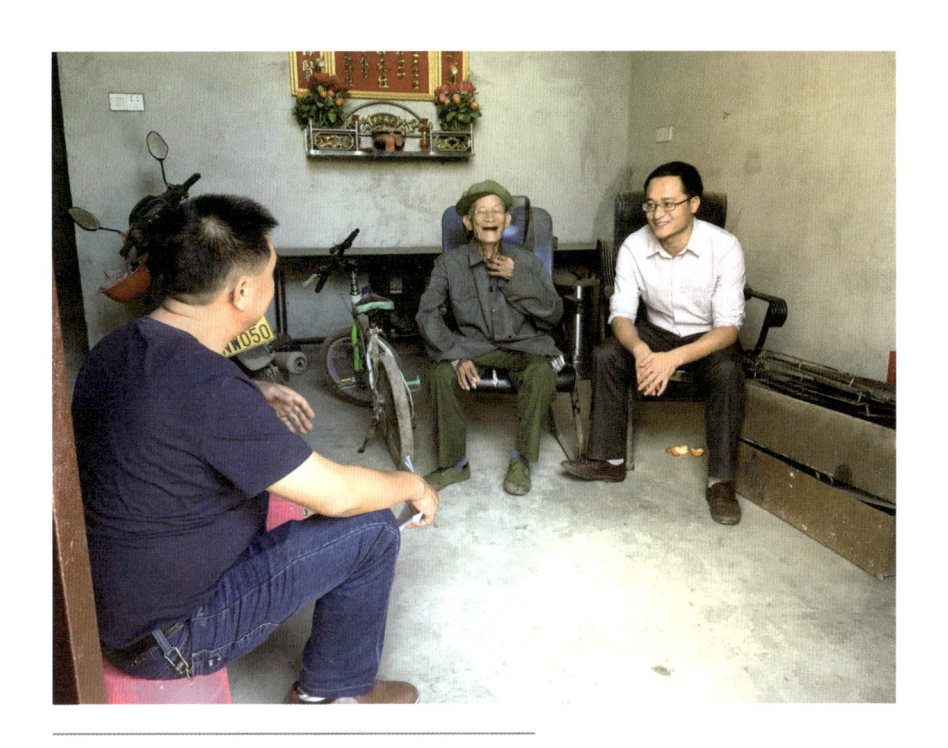

陈蒙看望慰问带头支持网箱拆除工作的老村干部

前提不能动摇,我们的政府是负责任的,所以决策下来网箱养鱼坚决不能再搞了,从 2015 年开始拆网箱。

此事涉及的面很广,沿江的各村几乎都有,一旦整治,养鱼人的利益确实会受到影响,搞不好会造成群体事件,难度很大。但是我们必须负起这个责任,势在必行,责无旁贷,这确实是对智慧和能力的一次综合考验,必须先做宣传和动员工作,反复宣传这是国家政策,是为了国家和群众的长远利益考虑。在这个基础上,由区里牵头,想了不少具体的办法。

我的办法是先从"驱离"开始，从上游的三个村子开始把网箱往下游"赶"，这是从实践中学到的基层智慧。网箱养鱼需要有合适的地方，不是有水往里一扔就行的，最怕的是发洪水。为了不被洪水直接冲到造成鱼的大量死伤，一般要找到一个水湾，起缓冲的作用。同时，养鱼的地方必须适合做滑槽，饲料很重，不可能一袋一袋地扛去投放，要在水边做滑槽直接滑到网箱里。所以，把他们搬离传统养鱼的地方，让他们去新的地方养，还要从头建滑槽，这样一来，相当一部分人就会畏难不干了，等于达到了劝退养鱼的目的。

用动员、宣传和"驱离"并用的方法，形成势必拆除网箱的舆论环境，然后我再设定时间期限，要求养鱼户对网箱的鱼自行打捞处理贩卖，到时没有自行处理好的网箱我们将予以拆除。为了减少对立冲突，事先还想办法做好饲料老板的工作，动员他们和政府密切配合。在网箱养鱼这个专业产业链上，饲料是非常重要的一环，通常卖饲料厂家要在当地找经销代理，通过他们把饲料先赊给养鱼的老百姓，等卖鱼之后再通过经销代理收回货款，所以那些经销饲料的中间商对养鱼户的影响特别大。慢慢地大家都看清楚了，这是国家的大决策，要积极配合，开始一起想办法，愿意在规定时间之前把网箱迁走或拆掉，同时想办法找人帮忙卖鱼，争取把损失降到最低。

这个工作前前后后干了一年多，终于完成了全河段禁养的任务，确保南宁水质保持在三级以上。

这就是基层岗位的特点，级别虽不高，但有做事的平台，能直接为老百姓做成很多实事。

在担任镇长时工作成绩突出的干部，是不是一般下一步会被提拔成乡镇书记？

这只是对干部锻炼培养的一种"不成文"惯例，关键还看个人的具体情况和工作需要。对于年轻干部来说，如何正确对待提拔问题是成长过程中必须过好的一道关，必须经受得起考验。

我是 2014 年当的镇长，在同一批参加工作的人中比较早地担任了乡镇正职，但在 2016 年换届时，有更晚下基层的人当了书记，我却原地没动，心里一度也曾经有过波动和想法。经过自我调适后，我慢慢地想通了，在这个问题上一定要相信组织，要有正确的态度。领导岗位有限，那些被提拔当书记的个个优秀，确实不一定非要轮到我，关键还是要把自己的工作做好才行。

既然没被提拔，那就更扎扎实实地干吧。新来的书记以前在驮卢当过镇长，作风比较民主，我跟他搭班子很愉快，工作开展起来积极主动，干成不少事，特别是推动"双高"工作，面积越做越大，越做越顺，70% 以上的甘蔗地全都做成了"双高"。

到了 2017 年 9 月，组织上调我到扶绥县的渠黎镇担任乡镇书记。到任后，我发现那里甘蔗地的面积比驮卢还大，但"双高"却落后了，只占了全部甘蔗地的 30% 多，所以我提出的第一个工作目标就是"双高"要达到 70%。

做"双高"最难的就是分地，再好的方案也很难让百分之百的人都满意，经常会出现"打架"的现象。但我在驮卢时已经有了一定的经验，对推广过程中可能出现的困难有应对的准备和办法。

有一次，有个村的地怎么也分不下去，有人暗中鼓动其他群众一

陈蒙在广西壮族自治区"双高"基地建设大会上介绍经验

起抵制分地方案，认定政府没办法。农时不等人，如果不能把地按期分下去，不仅任务完不成，而且老百姓会少了一年的收入，几千亩地荒在那里，影响不好，经济压力更大。

  作为一把手，这时不仅要有切实可行的办法，更要有坚定的意志，不能让极少数人裹挟大多数的民意。那个屯有100户左右，本来已经定下分地方案，要开群众大会抽签分地。抽签分两轮，第一轮抽顺序签，第二轮抽地块签，谁抽到就是谁的。可是开会前大多数人都被裹挟着不到场，想用这种方式抵制，但他们没想到我当场下了决心，农时不等人，既然分地方案已经定下来，开会的时间也全都通知到了，那就照常抽签分地，有8户人愿意就先分8户，10户人愿意就先分10户，而且先把好地拿出来。就这样，第一批分了16户，全是最好的地。这下其余的

80多户全部慌了，找我来闹，我一边跟他们讲道理，做工作，一边继续宣布第二次分地抽签的时间，给他们第二次机会，愿意要的就来分，不愿意要的就继续等。结果到第二次分地时就比较顺利了，终于松口气。

渠黎过去每年才做1万到2万亩的"双高"，我上任之后，第一年就提高到4.5万亩，第二年达到了5万多亩，当了两年的书记，总共做了近10万亩，"双高"的指标一下子就提上去了。驮卢和渠黎先后成为全市拥有"双高"最多的地方，后来我代表崇左市在全自治区的"双高"大会上做了经验介绍。

你在崇左最大的驮卢镇当过镇长，但听说渠黎镇的工作任务更重？

确实是这样。驮卢的人口最多，但渠黎的面积更大，"双高"任务更重，更重要的是，那里有一个工业园区，全市最大的工业项目南国铜业就在这里，每年100多亿的产值。我到任的时候企业还没投产，处在非常紧张的建设期，有大量的迁坟征地工作，需要协调处理各种各样的问题，服务企业的任务比较重。那时县委书记差不多天天来，市委书记每个月也都要来，可见重视的程度。

我到渠黎后，确立了"三区一带两确保"的工作思路。

第一个"区"是服务好工业园区，服务好南国铜业，这是首要的任务。第二个"区"是打造现代农业的先进示范区，通过大力推动"双高"，把现代农业这块产业继续往上做。现在这个设想已经初见成效，有了一个很好的项目。广西的优秀奶牛品牌石埠，在我们那里建设了一个乳业生态观光牧场，在一个山坳里有几百亩地，全都是最先进的奶牛养殖技术，号称"中国最美牧场"，确实很漂亮。第三个"区"就是建设好我们的镇区，要让工业园区跟镇区协同发展。所谓"一带"就是我们要在原有基础上，在我们所属的这些村落里打造一个乡村旅游带。而"两确保"就是确保不折不扣地完成脱贫攻坚任务，确保党建工作要跟得上。

这就是我的思路，工业放第一位，农业优势要继续保持，而且要深入。然后把城镇化搞起来，乡村振兴和风貌改造是新形势下的新任务和新要求。两个确保是兜底，是底线，一个乡镇书记如果党建和扶贫抓不好，就是最大的不称职。

按现行标准，扶绥算不上真正的贫困县，但你们照样也有脱贫任务？

是的，不是贫困县，但有贫困村和贫困人口，所以扶贫工作依然是重要工作。

县委书记强调"抓扶贫一定要找到点上"，这对我很有启发。扶贫的核心和重点就是要搞好产业发展，帮老百姓增收致富，让人民过好日子，所以抓扶贫一定要结合当地的实际。我在渠黎当书记时全镇有4个贫困村，正好全都是做"双高"的主战场，所以我强调一定把"双高"的指标搞上去，推动"双高"本身就是在帮他们脱贫。

扶绥的特点是工业园区多，企业多，工人的需求量大，所以在扶贫上的最重要举措就是大力推广"一户一薪"，说白了就是保证每一户人家至少有一个人有务工性的稳定收入。只要达到这一点，老百姓的获得感就强，满意度就提升，扶贫的问题自然解决。

到去年，所有的贫困村全部实现了"摘帽出列"。

你现在已经是扶绥县的县委常委、县委办主任，在新的领导岗位上承担的工作又有不同吧？

以前人们常说，县委办主任是个"大总管"的角色，打杂的，什么事情都要管，累得要死，可到年底一总结，又好像什么事都没干。县委书记要求我这样的年轻干部尽量多接触具体的工作，所以，我现在除了负责县委办公室的日常工作之外，还分管了"一户一薪"、用工保障、工业园区等工作。

"一户一薪"是我们扶绥县一个非常重要的扶贫措施，我在当乡镇书记的时候就开始推广了。为了让这个概念深入人心，让大家都愿意主动去做这个工作，县里当时搞了很多的活动，经常在园区搞现场招聘，每次乡镇都积极组织很多人过去，场面搞得轰轰烈烈，宣传效果很好。在开始的阶段，把氛围搞起来很重要，但时间久了也会面临一些问题。每个乡镇都要出两三辆大巴车，呼啦啦到这个厂看一眼，又呼啦啦到那个厂看一眼，但企业只是把村民的名字登记一下，并没有明确说到底打算录取谁，那些村民去了几次没等到企业的明确说法，应聘的积极性就下降了，而企业也不太满意，每次面对的人很多,但并不真是自己需要的。

我在县里主管这个工作后，县委书记明确提出了贫困户无薪家庭、易地搬迁户无薪家庭"两个清零"的目标。有一些搬迁户本身不是贫困户，是随着整村搬迁搬出来的，对这样的人群也要保证"一户一薪"，是一种更高的扶贫要求。

围绕着实现"两个清零"的目标，我主要做了下面几个方面的工作：

第一，精准摸底统计，摸清需要清零的无薪家庭底数的同时，还要把他们具体的需求全部搞清楚。

第二，进行有针对性的培训，群众想学什么就给他培训什么，企业需要什么岗位就培训什么样的人才。

第三，不再搞那种一次性的大规模"人海战术"，而是改成小分队，强调效率，找准需求，精准对接，跟踪到底。比如企业需要 20 个电工，乡镇就定向招募 20 个人送过去。凡是送过去的人必须给予明确的说法，哪个企业要你，哪个企业不要你，不要你的原因是什么？你对这些企业有哪些不满意，原因是什么，全都要明确，方便下一步再开展活动。

总之，就是要求有台账，有定期的措施，培训跟上，督查跟上，还要有统计跟踪，大大提高了落实的效率。

可是，总会有村民无法出来长期打工吧？比如家里有老人、孩子或病人需要照顾，只能在家附近打零工，怎么才能做到真正意义上的"清零"呢？

在这方面我们有三个保障措施。

第一，成立一个"零工库"，就是"用工池"。具体可以通过微信的方式，每个村成立一个零工的小群，每个乡镇成立一个零工的大群。我们去挖掘那种人工的岗位，比如哪个地方需要砍树了，哪个地方需要多少个泥水工了，给零工们创造相对稳定的挣钱途径，提供信息，信息共享。以前县城这边需要 20 个工人，要靠老板四处打电话去问，现在"一户一薪办"一个信息发出去，所有乡镇全都能信息共享，哪个地方需要零工了，就可以马上通知他那里的人过去。

第二，成立劳务队，把农民工组织化。很多村有做泥瓦工的传统，村里常年有十几二十几个建筑工人，我们就相应成立一个劳务队，前前后后成立了六七十支农民工劳务队，然后把做工程的老板叫过来，把这些劳务队提供给他们，等于搭建了一个平台让他们对接。第一批是从这些工程项目中拿出了 48 个工段，每个工段差不多几百万元的工程量，提供给这些劳务队来做。

在这些劳务队的基础上再升级成立县一级的协会，比如家政协会、劳务协会、电商协会，进一步完善组织化的要求。

第三，按照扶贫的要求，劳动力的标准是 65 岁，但在实际生活中超过 55 岁就很难再找到合适的工作了，另外还有一些人有手足残疾，无法正常工作。对这些人，我们提供兜底保障，开发一些农村的公益性岗位给他们，比如护林员、清洁员，让他们每月能有一些固定收入，真正把"一户一薪"的清零落到实处。

我是 2019 年 7 月正式接手这项工作的，通过这么多综合措施，到当年年底时，正式完成了"一户一薪两个清零"的任务。

除此之外，你还要负责"用工保障"的工作？

我们扶绥工业园区大，企业多，用工需求大，总共需要几万名工人，用工缺口常年有上万个，所以保障用工是很重要的一项工作。"两个清零"后，工人还是很缺的，还需要往外走，包括周边县市，甚至外省，吸收外边的人力资源。以前主要是靠政府帮企业招人，但总这么做并不现实，必须建立长期机制，走市场，把劳务市场培育起来。所以我提了两个市场概念，一个是线下市场，就是设法引进外面的劳务公司来我们县设点，想办法给他们提供一些优惠条件，比如免三年的铺面租金给他们当办公室，把他们的招牌亮出来，打造劳务一条街，让有用工需求的老板和工人都到这条街上来找。

另一个概念是线上市场，就是"网聘直通车"。从过年前我就搞了一个网上平台，让企业把自己的用工需求在平台上发布出来，再把贫困户和普通老百姓引进来，平台对双方进行匹配，推荐合适的工作岗位给贫困户和普通老百姓。

你是在全县范围内搞了一个类似"婚恋网站"那样的用工系统吗？是你们自己开发出来的？

原来我是想自己开发，后来发现有一个企业有类似系统，我就"拿来主义"了，只不过扩大了应用范围。这个东西成本不高，但是效果很好。这就是政府的服务，我只需要补贴一点企业进入系统的钱，然后就让乡镇动员广大贫困户加入这个系统。

这个系统我 2019 年底就搭建了，结果 2020 年初赶上了疫情，正好发挥了大作用。

本来我们从 2020 年春节前就谋划了一系列用工宣传的活动，我带队跑了广西的很多县，甚至跑了云南、贵州的一些县，去推荐我们扶绥的工业园区，帮助企业去招揽工人，想春节后能招一批工人过来。结果疫情突然来了，工作暂时停滞了。但是我们判断疫情不会持久，为了保证企业复工复产对工人的需求，我就搞了网上招聘，从初七、初八就开始搞，结果发现效果非常好，质量很高。以往我们地方政府带几十个人到企业来，挑选过后可能真正能留下来的就几个人，但是网络招聘却命中率很高。大概是条件对应各种需求，匹配度好，所以质量就高。

我们县是最早开始布置复工复产的，初七、初八开始，企业的老板和管理层就先回来了，做好复工复产的各种筹备工作。招工几乎是同时开始的，我们搞了差不多一个星期的网络招聘之后，就开始组织实地的面试。特殊情况特殊安排，复工复产的同时也要做好防护，所有参加面试的工人都是派专车去村里接，一辆大客车只能坐一半的座位，上车后先每人发一个口罩，然后测温。到了地方之后，每人间隔一米进行面试。工人和企业当场谈，谈妥了的我就派车送回去了，剩下的再去下一家谈。我要求所有出来面试的人都建立一个档案，和企业双向选择，如果企业没选中或者工人拒绝企业的都写明原因。

我们县里成功搞了这个网络招聘，市里觉得不错也跟上了。差不多是过完小年之后，市里也搞起来了，在全市推动开。又差不多一个月后，自治区也跟着搞了，现在已经全部推开了。

你是 2011 年当选调生来的广西，一直在基层工作，迄今已快十年了，回头看这段经历，有什么样的体会可以跟大家分享？

作为一个年轻人，趁着年轻的时候，能有这种机会多去接触一下我们的农村，多接触一下群众，多看一些沿路的风景，是一个很好的事情。在基层这 10 年虽然很辛苦，但是肯定比待在机关工作要丰富多彩得多，对于丰富自己的人生、锻炼自己成长都是很宝贵的。

我从基层办主任到乡镇长再到书记，一步一步过来，十分感谢所拥有的这些平台，让年纪轻轻的我锻炼成长，培养自己的能力。这种机会弥足珍贵。我现在的领导经常说，作为年轻人，最关键的是要把交给你们的每一件事情认认真真做好。如果你连手上的小事情都做不好，凭什么会指望上级交给你大事？或者你凭什么认为自己可以去做那些更重要的事情？

我很认同这些话，希望自己可以珍惜当前的平台，珍惜当前的机会，真真正正的、用心用力地把每一件事情做好。

陈蒙在农户家了解产业发展及子女教育等问题

陈蒙向贫困户宣传慢性病报销帮扶政策

陈蒙在北京大学未名湖冰面留影

❖ ❖ ❖

陈蒙的故事很生动，都是他实实在在的成长足印，每一步都深刻扎实，见证着无数的汗水、辛劳，也体现着责任与担当。十年的磨炼，他早已不是那个初出茅庐的青涩男生，无论对家庭还是社会，都是毋庸置疑的中流砥柱。

他的爱情故事更是选调生中的一段佳话，大家经常开玩笑，说他用爱情"拐带"了一个北大师妹一起到广西。陈蒙对此"郑重辟谣"："她是中文系的本科生，我们俩是在同一年报名参加定向选调生后才认识的，但的确是在学校时确定的恋爱关系，算是赶上了校园恋情的末班车。"

如今，他们早已组成了家庭，并有了两个可爱的孩子，生活美满幸福。

路 艳

做一个务实的理想主义者

路艳，1986年出生，甘肃庆阳人，2011年毕业于北京大学外国语学院阿拉伯语专业，硕士，中共党员，第一批到广西的定向选调生，自治区党委组织部最早主动申请担任贫困村第一书记的女干部。

路艳充满理想主义激情，用两年半的时间，不仅让任职的贫困村改变了物质上的落后面貌，还对村民进行精神引领，在乡村文明建设上做了有益的尝试和创新，在圆满完成脱贫出列任务的同时，也完成了自己人生的重大转变——成为一个母亲。

你毕业时为什么会选择去广西呢？你是北方人，学的是阿拉伯语专业，北大毕业，无论是距离家乡还是熟悉的学校，那里都似乎太遥远和陌生了。

年轻人理应志在四方。虽然我是女生，却一向有种不怕浪迹天涯的性格，无论是求学还是工作，从不把最终一定要在哪里当作选择的标准。在我看来，人生自有际遇，在哪里都能扎根一辈子。

毕业前，广西来学校做宣讲，承诺会给定向选调生提供前所未有的成长平台，在真正的实践中积累经验，在复杂的环境中接受全面锻炼，发挥所长，为个人提供广阔的成长空间。这听得我心驰神往，认定这个地方一定能让自己发挥才能。我生在大西北，从小就喜欢南方的青山绿水，听说广西四季常青，南宁别号"绿都"，就更向往，马上就报名了。

看来你是个感性的人，竟然会因为这么"抽象"的原因决定自己的人生方向。

我在本质上确实是挺单纯的，在学校的时候没正儿八经地当过学生干部，更没想过把进机关工作当作人生目标。报考选调生时，需要填报想去什么单位工作。我当时连很多政府部门的职能都不太了解，想着当选调生的初衷是要去祖国最需要的地方，就坚定地报了要到乡镇层级的单位，选的全都是百色、河池、崇左这样比较偏僻艰苦的地区，填完之后心里挺踏实，觉得要去实现自己的梦想了，没想到最后正式宣布的工作单位是自治区党委组织部。他们来征求意见时，一开始我说要先考虑考虑。我在政府工作的朋友们听了全都震惊了：去组织部工作，你还考虑什么呀！我这才知道，原来组织部这么重要，是很多人都想去的热门单位。

一开始到组织部工作，能马上适应吗？

第一年的时候真的是特别不适应。

我报到后被分配在干部教育处，主要的工作是举办各种省管干部的培训班。不同系统的干部有不同的班次和方案，基本上每个月就要办两三期培训班，一年要有20多个班，从制定培训班的具体方案、做手册，再到去跟班，写讲话稿，写总结，全都是我的任务，工作量很大，感觉每天都在加班，一周七天几乎有六天半都在加班，每天都要11点以后才能回家。

组织部门对干部要求严格，可我是学外语的，比较小资，那种浪漫主义的情怀与组织部内部严肃、严谨、细致和认真的氛围之间有点格格不入，我的思想压力很大，甚至一度怀疑自己是不是来错了地方，选错了岗位。

但我是个要强的人，在困难面前绝不服输，不管心里怎么想，分配给自己的工作无论如何也要做好，尽最大的努力去适应环境和现实的变化。而且，部领导和我的处长对选调生很关心，也很重视，一直用积极的态度和鼓励的方式去对待我们这些年轻人，很懂沟通艺术，心地也很善良，所以我很愿意跟着他们干，加班也无怨无悔。这样的状况持续了一年之后，我终于逐渐适应了这种工作要求和节奏，开始能主动发挥自己的创造力，也成长了很多，慢慢地打开了工作局面。

在这期间，我和另一个一起来当选调生的北大博士相恋，并最终结为了夫妻。虽然说日子过得算是可以的，生活状态相对稳定，但我自己却并不满意，在某种程度上进入了"职业倦怠期"，并没有真正找准应有的位置，总想要寻求机会做出改变。

在很多人看来，你已经很令人羡慕了，单位好，有社会地位，工作能力得到领导的认可，业务也熟练了，再没那么大的压力，又成了家，居住条件和收入水平都有了一定的改善，还有什么不满意的？

但这并不是我的人生目标呀！如果只是想要工作熟练轻松、过上舒服的小日子，那当初何必要离开北京，何必要来当定向选调生呢？

所以到了2015年8月，听说组织部准备下派驻村第一书记，我就主动报了名。很多人都劝我慎重，基层条件非常艰苦，扶贫攻坚的任务又特别重，部里还没有女干部下去当第一书记的先例。但是越这么说，我就越想尝试。在这一点上，真的要感谢一下我的丈夫王锋。他在当选调生的第二年，就主动下到融水县的一个村挂职了两年"清洁乡村工作队员"，在那里干得很出色，还获得了新华社组织的"中国网事"十大年度人物称号。听说我报名后，他不仅没有阻拦，反而还用自己的那段经历鼓励我，既然要在政府机关工作，就必须有基层经验，第一书记无疑是个很好的锻炼平台，值得好好去感受一下。在基层的确会遇到很多的困难，但是更多的是会收获快乐和成长。

你们真是志同道合，感觉你们这些定向选调生确实都挺有理想主义情怀的。你去哪里挂职了第一书记？刚到那里的情况如何？

我去的是百色市凌云县泗城镇的上蒙村，是个壮族、汉族比例 4:1 的贫困村，典型的石漠化地区，喀斯特地貌，条件艰苦的程度出乎我的意料。全村 1600 多人，有近一半住在相距较远的高山上，耕地只有 600 亩左右，平均一个人才合三分地，种什么都不够吃。

交通条件就更差了。我刚开始是骑摩托进村工作，一路上下坡很多，摩托车老是熄火，还摔了好几回。后来不敢再骑了，干脆把私家车从南宁开过来，但我是下村前几个月刚学会开车，车技很差，农村的路况又实在不好，车开得晃来晃去，整天颠簸得乱七八糟，没多久底盘就被刮得不像样了。最害怕的是有时候还要在山路上倒车甚至调头什么的，村里的人开车都很快，道路又窄，经常会两辆车面对面顶死无法错车。我本来就不敢开，这时就会有热心农民上前帮着指挥，有一次我硬着头皮倒车，跟人家说帮我看着点后面的悬崖，农民说，书记没问题，倒倒倒。我感觉悬崖应该很近了，问还能倒吗？他说没关系，远着呢，倒倒倒。我就又倒了，他突然大声喊叫，停停停，车轮马上就要掉下去了！以后再遇到这种情况，特别是下雨路基松软的时候，我就不敢逞强，求对面车的人下来帮我开，怎么让都可以，安全第一。

这些倒是难不倒我，最让我郁闷的，是群众一开始对扶贫工作并不热情，对我这个第一书记也不信任。有一次我主持群众动员会，传达村容村貌的改造工作，要大家配合支持。但是村民们并不怎么认真听，叽叽喳喳聊天，到最后还有一个醉汉站出来，用壮汉夹杂的话当众让我下不来台，说算了吧，你说得是好听，可有什么用？等两年一到，你镀完金一走，我们照样什么改变都没有。基本上就是用一种瞧不起人的语气在说我在当众吹牛。

那天我可狼狈了，勉强支撑着把剩下的政策要点说完，就灰心丧气地散会走了，一路上心情无比沉重：早就知道基层工作难，可这也太难了吧，以后可怎么办啊！在整个过程中，在座的群众没有一个人站出来制止他，我感到好伤心啊。

我是2015年国庆节后上任的，前半年的主要工作是搞入户调查精准识别，各种填表、统计、录入上传的工作量很大，村干部中没人会电脑，指望不上，所有活动方案的制定和实施只有我一个人做，结果也要我一力承担，精神压力特别大。生活上也很艰苦，白天四处奔波，晚上住在一个小房子里面，吃饭只是果腹，完全谈不上合理的营养，不是在外边吃快餐，就是回家泡方便面解决。

路艳到村民家进行精准识别

在这期间我老家又出了事，一个从小带我长大、将我视如己出的长辈意外去世，我非常想回去跟他告别，但真的脱不开身。老家太远必须坐飞机，光从凌云回南宁就要五小时，一个来回最少三四天。我是第一书记，所有工作的第一责任人，真的没办法这么长时间不在村里。

我刚上任的时候，明显能感到全村缺乏生机，不光是村民，连党组织也没什么活力。全村一共30个党员，老龄化严重，年纪最高的有85岁了，村两委严重老化，很难指望这样的领导班子能有什么主动性，工作开展得非常不顺利，不管我多着急，都像一拳打在棉花上一样，气哭了好几回，在机关时真没想到会面临这么多的难题。

工作的压力、生活的压力，这么多的不顺心叠加在一起，有段时间我内心的挫败感特别大，背地里哭了好多次，怀疑自己的选择是不是错了。有次实在撑不下去了，忍不住去向一个师姐吐槽，觉得自己不仅没有成就感，连存在感都谈不上。

想要让群众相信你，让他们跟着你走，本来就很难，尤其是你这样的"女第一书记"就更不容易，除了要坚定下来挂职时的理想和信念，更需要有韧性和智慧，甚至是更能受委屈。

确实是这样。现在有的人戴着有色眼镜看我们女干部，做不出成绩，会说女的就是不行；一旦干好了，又会有好多人说有什么呀，没准不是走正路上去的。我就是不服这口气，一定要在基层干出成绩来，用自己的经历去告诉大家，在这个世界上，女性完全可以靠自己的实力和拼搏去赢得大家的信任和尊重。不管有多难，我都不会退缩，必须要经受住这一切，越是被人看不起，我就越要做出样子来。

路艳帮助贫困户收油茶果

　　为了打开局面，争取到更多群众的支持，我首先是从书本理论中寻找解决问题的办法。刚到组织部工作时，部领导曾经要求每个干部人手一套《毛泽东选集》。现在遇到困难了，我就想起了这个，认真仔细地阅读，主要是看毛泽东解决农村问题的一些方法，真的很有启发！

　　比如"抓两头放中间"，我结合自己的工作理解，一个第一书记的精力是有限的，不可能全面铺开面面俱到，作为一个管理者，能做的就是搭建好一个制度，把村两委和村民小组长充分调动起来，让他们把精神和指示传达下去。只要把村子中做得好的人带动起来，同时又把那些做不够好的人笼住、稳住，那么这个村子就不会差到哪里去。

　　为了更好地发挥党组织和村干部们的作用，我也换位思考，对村干部们多些理解。他们毕竟只拿很少一点津贴，还要顾着生产劳动，要养家糊口，很不容易，加上文化水平有限，确实也不能责怪他们缺乏工作的主动性。于是我在给他们布置任务的时候尽量人性化，比如尽量减

做一个务实的理想主义者　097

少开一些不必要的会，尽量不多占用村干部们的时间。我设定了一个详细的值班表，要求村干部必须保证每天上午9—12点在村部工作，村民有事就这个时段来办，其他时间发生的事就个别联系。刚开始村民不习惯，后来就习惯了，村干部对这个办法也很拥护。

一个村子里什么人都有，怎么才能让诉求不同的人在工作中都支持你，是一个很费情商和智商的事情，需要在实践中运用到一些智慧。比如村里的妇女很多，为了多争取她们的支持，我就想办法配合妇联搞了一个妇女儿童家园，在那里给留守的妇女儿童建立档案，还配备了一些玩具，在操场上摆放了儿童健身器材。我和留守妇女们单独建立了一个微信群，看到一些相关的文章，就在群里及时发出来和她们分享。我还请妇联的人过来教她们刺绣，带她们出去学习一些产业知识。对于村里的小朋友，我就在六一儿童节时拉一些赞助来，给他们发书包、衣服、图书……

路艳陪同广西民族大学的同志慰问上蒙幼儿园

路艳在村里组织开展"中秋话亲情,温暖留守心"活动

路艳在大学生座谈会上向大学生赠送书籍

  我还重点做了村里大学生的工作,争取年轻人对我工作的支持。我上任后做过统计,村里有不少孩子在外边上大学,本科专科加起来有四五十人呢,但是全国各地不同学校的教育质量不同,从文化水平、精神面貌到综合素质,这些普通的农村大学生跟大城市出身的大学生是有差距的。我自己就是农村出来的,对此有深有体会,真的很为他们着急,在跟他们交往的过程中用各种办法想要他们明白一个道理,就是我们这些出身农村的大学生,要想出人头地有出息,就必须在某一个方面做到比一般人更优秀才行。为此,我认真地给他们写信,讲自己的经历,自己的故事,给他们发一些名著,讲读书的重要性,还搞了一个"上蒙奖学金",一共有65000元。除了给他们发奖学金外,还带着他们一起做事情,鼓励他们积极参与村里的脱贫事业和其他活动。他们在这个过程中被我打动和影响,状态慢慢地发生了改变,变得更有礼貌,做事更有条理。

2017年春节，我在村子里牵头搞了一系列的文化活动，像山歌对唱、游园活动，特别是屯级的篮球赛组织得最成功，全村五个屯分别组了五个篮球队，村民不管是参赛还是观赛助威都非常踊跃，场面可热闹了。除此之外，我还搞了一个全村的文艺晚会，人称"村晚"，有意识地从放寒假的大学生中挑选了几个有特长、有积极性的人帮忙做一些事情，排个节目什么的，在这个过程中观察了解哪些人表现好，在晚会上给他们发奖学金，一连发了七八个人，奖金最高的是 3500 元，最低的也有 1500 元。获奖学生自己都没想到会得到这么多钱。这在其他学生中产生了正面影响，让他们看到了榜样的力量，觉得值得跟着我这个书记好好干，好好干了有前途。

你不仅在物质上帮助贫困村脱贫，还有意识地在乡村文明建设方面做尝试，与其他一些第一书记很不一样。

我特别喜欢一本讲企业管理的书——《基业长青》，它说一个企业要想从优秀成长为卓越，必须要有精神内核，一个好的管理者不仅要能做一个敲钟人，更要成为制造出钟表的人，要创造出自己的话语体系和思想体系。这些说法对我触动很大。的确，不管是一个村，还是一个企业，都必须要树立起能让人为之奋斗终身的东西。我就开始琢磨，到底可以给这个村子留下些什么，能让它在我走了之后还能继续长久地发挥效应。

所以，我除了在制度和机制上想办法，用一些制度性的东西调动村里各个群体的积极性，更想尝试着能对村民做一种精神上的引领。说太多了怕农民听不懂，我就简单地归成了两点、四个字：积极、务实！

我把这个称之为"上蒙精神"。

说法有了以后,我就在各种场合反复提及,反复宣传,连春节在村里挂横幅写的都是"要不断发展积极务实的上蒙精神"。在晚会上"自由问答"的娱乐环节中,我也有意识地出题:请回答,什么是上蒙精神?下面很多人都能抢答出"积极、务实"。不管在什么场合,结合着具体工作,我都不断地强调这两点,要告诉他们为什么要积极,为什么要务实。我就是设法让他们对这种意识入脑入心。

这么做是有成效的,当我结束任期要离开的时候,很多村民在微信群里轮番接龙欢送我,说:"书记,虽然你要走了,但我们会继续发扬你提出的上蒙精神,积极务实,努力奋斗,一直向我们的目标前进。"像这样的话,村民们自发接龙说了上百条。

我还在村里恢复了"百家宴"的习俗,这一点最让我有满足感和成就感。西南多民族混居的地区,尤其是壮族和瑶族,历史上曾有"百家宴"的习俗,往往是以一个屯为单位,每家每户各自拿米面粮油集中在一起做饭、吃饭、团圆喜庆。我了解到这一点后觉得特别好。2017年春节之前,村里的扶贫工作已经初见成效,我就想借着这个机会倡导一下,看能不能恢复这个好的习俗。

一开始,我是真没指望全村都能搞成"百家宴",只想先从一个条件比较好的屯开始落实。因为屯与屯之间情况太不同了,不同民族、不同姓氏家族,各有各的小圈子,以往还有过各种利益纠纷甚至矛盾纠葛,虽然多数都是些鸡毛蒜皮的陈年旧账,但是天长日久积攒,别扭就越来越大,有的屯甚至出过比较大的矛盾和冲突,很难指望大家全都能够响应和参与。但是榜样却有想不到的力量,我在这件事上并没有做多少经费上的投入和支持,主要是用心,在宣传上花的力气多一点,结果等一

做一个务实的理想主义者　101

个屯动起来后，别的屯就坐不住了，都想有样学样，谁也不甘落后。

每个屯的"百家宴"都搞得很成功，现场不仅扎起了横幅彩带，升起了气球，还有主持人呢，像模像样。全村每家每户出点钱，再象征性地出点米，找屯里的能人做厨师，其他主要物品去街上集中采购。活动当天，屯里做流水席，每家都要出人来干活儿，每个屯派人到一个指定的地点洗菜、布置桌子……大家可高兴了，都说多少年没有这么一起欢乐了，虽然自古以来就有这个风俗，但已经几十年都没有举办过了，最多就是几家亲戚朋友之间聚聚餐，像这样规模的"百家宴"全村历史上还是第一次搞成。

就在这次"百家宴"上，当初在会上捣乱的那个醉汉还专门来找我道歉，说："对不住你，这一年以来你确实给村里做了很多事情，很辛苦……"必须说实话，当时看到他发自内心地说出这些话，我心里好受多了，对今后进一步搞好工作更加有了信心。

就这么一件事、一件事去做，一个人、一个人去争取，让他们发自内心地去信服、热爱和认可，终于让你建立起了第一书记的威信，真是太不容易了。听说为了拉近与村民的感情，你特别地用心用情，有时甚至还要搭点"私房钱"？

在村里面干工作，有上面政策上的支持还不够，必须要依靠自己实实在在的努力和付出，来团结住身边的人，才有可能干好工作。如果光是公对公的那种就事论事，他们是不会服气的，必须经常走动，礼尚往来地培养感情。去村民家吃饭，每次都得买点儿东西随手带着。遇到谁家老人生病了，总要想办法帮上一把。过年去走访拜年，老百姓热情地杀只鸡送给我，实在不好推辞，又不能白拿，就回个礼表示一下。跟我一起工作的村干部和村民小组长，不管谁家有了添人进口、婚丧嫁娶的红白喜事，我都要买东西过去或者送个红包表达心意，即便后来卸任了，遇到村里的人来南宁，不管是公事私事，只要找到我，我都尽力帮忙，牵线搭桥……这些礼尚往来的人情交往，自然要动自己的"私房钱"了。

村里人就是这样，他们没有什么私事公事的区别，全都裹在一起，当第一书记的想要让他们服气，真的不是只靠什么政策和个人奉献精神就行的，而是要通过这些私事公事的处理过程，实打实地让他们感受到你的确是尊重和关心他们，有了这样的前提和基础，才谈得上去管理和带动他们，否则口号和政策再好也无法落实。

听说你连微信签名都改成了"一个务实的理想主义者"？

为了能和他们融为一体，让他们真正地接受我，赢得在工作中的认可和支持，只要不涉及原则性，很多小事上我都可以去妥协，可以赔笑脸，可以去端茶倒水，这些都没问题。人生本来就是充满烟火气的，要想搞好工作，就不能把自己看成一个整天纤尊降贵的仙女，不存在的，也没必要。终于，我这个人开始被老百姓认可了。

从最初半年的不顺利，再到最终被村民由衷认可，在这个过程中你还做了哪些具体的事？有什么成功经验可以分享？

要想做成一件事，推动一些改变，最重要的是坚信、坚定和坚持。坚信自己要做的事是对的，然后就是坚定不移地一路坚持，不管多难也不放弃，直到让村民理解和有所改变，心悦诚服地同意你的想法。

为了提高工作和沟通的效率，我从2015年底建档立卡时，开始尝试着在全村建微信群。这个工作推广起来太难了，看似简单的工作，最终完成时竟然花了大半年的时间。一开始大家都不会用，我就先在村两委里推广，每次开会，见人都说你加个微信群吧，要是对方说不知道、不会用，我就帮他下载、注册，还给他演示。就这样开一次会拉一两个进来，再开一次会再拉一两个进来，直到把村两委全都拉进来，然后再把目标人群定为所有的村民小组长，终于建起了全村第一个微信群。慢慢地我又跟不同的村民小组分别建了微信群。

但是大家一开始并不重视微信群，我在群里发消息也得不到及时反馈和响应。为了引导大家养成用微信群的习惯，我动了不少"小心思"。以前从上级那里争取来什么项目，惯常的办法是一个一个地打电话通知，但现在我只在微信群里发消息，等有的人事后发现错过了机会，我就给他看我是哪天哪时在群里发的，全都有图有真相。几次下来，他们发现不行，真的必须重视微信群里的通知，有什么项目必须得积极响应，要不然就真没了。这样全村人才开始适应微信群，让微信群真正开始发挥起了作用。我刚到上蒙村的时候，一有通知就必须贴在通往各个村民小组的路口，等于一件事就必须抄很多份去贴。有了微信群之后，就能迅速地传达，这在村里简直就是一个革命性的改变。

能在村里普及微信群，说明我们那里虽然是贫困落后的山区，但是网络信号很好，从一个侧面反映了这些年国家和政府在扶贫方面的成效是多么显著，尤其是对于农村基础设施的投入力度非常大，全都有具体的可量化的指标。比方说要求凡是20人以上的屯，就必须通硬化路，光这一点，就超越了几百年来无数人的梦想。

这几年我在基层挂职，真是眼看农村在这些方面慢慢跟上了现代化的步伐。村部全都通上了网络，让我更加有了用武之地，能在村里发动年轻人发展电商，在村里设置快递服务点，销售村里土特产品。

扶贫的核心就是发展产业，我们上蒙村主要是种油茶，为了能帮村里找到高价稳定的销售渠道，我想了很多推广的办法。县里搞过一个很轰动的活动："党旗领航·电商扶贫——我为家乡代言"，我积极推荐村里的一个小伙子去参加，帮他修改演讲稿，最后他获得了全县第五名的好成绩，让我们上蒙村的油茶在外闯出了一点名气。我自己也参加了一个网易视频的节目，积极推荐上蒙村的油茶，最终被外地一家很大的山茶油公司注意到了，主动找上门来要合作，把上蒙作为他们的原料产地，稳定高价收购。另外，县林业局是上蒙村的对口扶贫后援单位，我积极联系和配合他们的工作，给村里争取到了一些"油茶低改"的项目，不仅有资金的保障，更有技术的支持，通过补植补造几万株优质油茶苗，很好地提升了全村的油茶产量。

贫困村脱贫摘帽时有一个"一票否决"的硬杠杠，就是村集体经济收入必须达标，但在我去当第一书记时，村里完全谈不上有什么集体经济，等于是要在一片荒漠中重建。通过与村两委集体讨论，我们决定把上级扶持村集体经济项目的资金集中起来，向农民租地搞一个大棚蔬菜基地，一共租了54亩地，由村主任负责主管，另外一个村干部做兼职财务，我又找了一个种菜的顾问，聘用了六个固定的工人，平时再临时雇佣一些散工。到我卸任后一个月，这个集体经济项目成功了，产品销路很好，一个月就赚了好几万元。接下来村里还计划把基地进一步打造成集蔬菜种植、采摘、垂钓、烧烤、休闲"农家乐"于一体的立体式综合农业示范区，全村的集体经济收入预计能达到20万元左右。

因为有你们这样得力能干的第一书记，才确保了精准扶贫政策给贫困村的项目和资源得到很好的落实。但是你们在村里挂职毕竟是短期的，怎样才能让这样显著的效果长期持续呢？

这正是我在任期内经常思考的问题。作为来自组织部的第一书记，除了利用好资源之外，对贫困户是不是还可以有其他的带动方法？

我刚到上蒙村的时候，村两委的情况不佳，村干部之间不团结，在群众中没什么威信，做工作不积极主动，连村子里搞活动需要安排人提前去搬桌子扫地这样的小事，只要我没在现场盯着都会出差错。开会时间到了，桌子没搬好、地还在扫都还算是好的。有一次自治区党委组织部的同事们入户看望贫困户，我提前一天就把工作布置到了具体的人，要求村里面做好准备工作。可是等到我带着车队快要开进村了，负责的村干部却还在街上卖菜，什么都没准备，连入户带路的村民小组长们都没通知到。我简直被气死了，下决心一定要发挥好组工干部的专业优势，在村两委班子的建设上好好下功夫，在村子中重建起一支能被群众信任、能完成上级任务的合格工作队。

村干部现在都是民主选举产生的，在经济发达的地区，民主意识相对强，又有一些经济措施保障，能力强的人会自愿站出来当候选人。可在我们这样的贫困地区就完全不同了，经济不发达，当村干部只有责任和压力，没什么好处，没有什么人愿意出来干。我就通过日常的工作，在村子里发现办事积极靠谱的人，引导和培养他们当村干部。

我从普通的村民中发现了一个做事认真又能干的村民小组长，开始一步步地培养他，先让他在村里当扶贫专干，事实证明我果然没有看错他，凡是交给他办的事情，最终都能办得很好，执行很到位。他的确有当村主任的潜质，就再进一步鼓励他积极站出来竞选村主任，最终他在换届选举中顺利当选，从此村里的情况发生了很大变化，各项工作都开展得比较有条理了。

村支书的人选更重要，他的素质直接决定了村两委的能力。为此我很早就开始培养年轻能干的党员后备力量，壮大党员队伍。在第一书记的任期内，我经历了一次村两委换届选举，因为这方面的工作抓得比较早，有4名敢担当、愿干事的新人当选，村两委班子换了一半。

被换掉的人肯定对我不满意，但我不怕，要想干事就不能怕得罪人，所谓"义不行贾，慈不掌兵"，必须让不干事的人怕我，让真正干事的人从我这里得到由衷的尊重、信任和认可，否则我就是一个失败的第一书记。

为了让这些新当选的村干部开阔眼界，我经常带他们出去走走看看，考察别的村都是怎么做的，还对他们进行手把手的培训，教他们怎么用微信，怎么用电脑，怎么样去写公文。他们文化水平不高，开始都不会写，也不愿写，我就从网上给他们找到不同公文的模板，让他们照着去写。一次两次写不好，十次八次还能写不好？不管是谁，凡是负责值班期间内需要写的公文，就由这个人独立完成。这么硬性要求了一段时间后，他们慢慢就都学会了。

现在，上蒙村的村干部无论是干事的激情还是精神面貌都很好，年龄结构也合理，年纪最大的村主任是70年的，其他的有80后和90后，团委书记年纪最小，96年的，选上时才20岁。随着这些年轻人的加入，整个干部队伍的风貌完全改观了，工作开展起来也得心应手了很多，最起码在电脑操作、网络设置等事情上我再不是孤立无援了，第一书记的工作完成起来也逐渐变得顺利甚至是轻松了。我在这期间因为怀孕生小孩请过一段产假，也没影响脱贫摘帽工作，村里的各项工作都能顺利完成。之所以能这样，就是因为我狠抓了村两委的队伍建设，给全村的发展打下了一个很好的基础。

你在第一书记期间怀孕当了妈妈？

是的，2016 年 8 月份发现自己怀孕，预产期是 2017 年 5 月。

部里领导对我们这些扶贫干部很关心，也很通情达理，得知我怀孕后曾经主动征求我意见，要不要撤回来另外换人，但我最终决定留下来继续干。我都工作快一年了，村里工作刚刚熟悉，各方面刚上手有起色，如果这时候调回去，对我、对村子来说就全都要从头再来，我不愿意半途而废。所以我决定留下来坚持，还给自己立了目标，在工作上甚至要比没怀孕时干得更出色，用自己的实际工作成绩去赢得别人的认可，而不是用一个孕妈妈的状态来获得同情。

整个怀孕期间我没有停下过任何第一书记的工作，一直到孩子生产前一个月，都是全日制、满负荷地工作，每天忙到昏天黑地，基本上都要过 12 点才睡。刚开始也顾虑过，当孕妇这么熬夜是不是不太好。可是不熬没办法呀，白天整天下村没时间，文章、档案、方案这些只有堆在晚上做，便索性不再多想。

贫困村的生活条件差，工作强度又那么大，孕妇是很容易出危险的。

怀孕初期的确曾经遭遇过两次先兆性流产，可能跟在路上颠簸有关系，再就是精神压力太大了，医生说必须要保胎。我听了也害怕，躺了三四天，然后就又爬起来继续干，该下村下村，该爬山爬山，照样天天工作。一是仗着年轻体质好，二是那段时间扶贫工作太紧迫，正赶上"迎检"阶段，每天都有上级领导下来检查工作，一点不敢耽误。县委伍书记是个女同志，她带队下村视察时看到我大着肚子还照样开车下村，像没事人一样地陪她走访贫困户，十分不忍心，叫我好好休息，不用陪，但我坚持按照应有的工作流程和规矩，陪着伍书记在各个村整整走了一天。事后一看计步器，整整2万多步，走的还都是一些山路。

我丈夫王锋当时也在凌云任职，等于是伍书记的直接下属，被她好好地说了一顿，说他这个丈夫当得心太大，让我们两口子当面做了两点保证：一是从此之后我不再自己开车下村，二是一定按时做好孕检。但我除了做四维彩超时去了百色，其他的孕检也就是抽空去了几次县里的妇幼保健院。我自我安慰说，那么多农民不是都这么过来的，我的身体素质好，应该没事的。

好在每次去孕检小孩比较争气，挺健康的，最后平安降生，生出来有五斤八两重。

我凭着这种拼命的实干精神，最终感动了身边的人，无论是村里的普通村民还是县里的领导，都挺认可我，都说换个人当这个第一书记，哪怕是个男的，没有怀孕生产这样的麻烦事，也很难像我做这么多的事。组织部的领导和同事对我也同样刮目相看，见我生产前十来天还在发文章，都被惊着了，说天呐，求你快歇歇吧。

休产假期间我也没卸任第一书记，只是由部里派人临时代管了一阵。休完假后，我马上就回去了，正赶上"脱贫摘帽"的迎检，整整做了35盒档案。我们夫妻俩工作都忙，孩子又太小，还在哺乳期，两边家里的长辈先后过来帮忙照顾，我妈妈，婆婆和小姨全来过，等于全家在扶贫第一线轮番上阵。

做档案全都是在镇里，我每天早上八点多就要走，中午匆匆赶回家喂奶，喂完奶就又赶紧回去工作。到了年底那次最重要的迎检前，更是集中在镇上冲刺准备，连续熬了好几个通宵做材料，根本没法规律地喂奶照顾孩子。那个阶段最折磨我的就是长期睡眠不足，孩子小，频繁夜醒，一晚上醒个两三次很平常，我就得跟着醒上几回，一大早又得出门工作，基本上就睡不了什么觉，经常累到觉得坚持不下去了。可谁让我要做有追求的职业女性呢，想要实现事业和家庭的兼顾，就只能咬紧牙，没有其他的办法。

不过，我这么燃烧生命、拼命工作倒也有个意外的好处：没有遇上那个让很多人谈虎色变的"产后抑郁"，大概是忙得都没给它留时间光顾吧。

从 2017 年 10 月开始一直到 12 月底，整整紧张了两个多月，终于在年底前顺利通过了自治区级脱贫核验。到 2018 年 1 月 4 日，最终得到上级通知，上蒙就等着自治区扶贫办通知正式脱贫摘帽了。大家全都喜极而泣，这下可以放松下来好好休息了，但是我却只短暂休息了一两天，就投入到为村里筹备第二次春节晚会的工作中。

明明脱贫迎检都通过了，作为第一书记的任务也完成了，你为什么还要给自己"加码"？

这么做有两个原因，一是我自己不满足，精神上的脱贫远比物质上的更重要，我想在上蒙村建立起一些"硬指标"之外的东西，让它能长久地传承下去。

另一个原因就是群众的热情已经被点燃了，不搞会让大家很失望。

第一年我在村里倡导搞春节晚会时，大家一开始并不看好，积极性也不算特别高，很多时候要我求着他们，使劲推着大家往前走，好不容易才搞起来的。可是到了第二年，大家的积极性明显不一样，反过来主动问我今年还搞不搞，出节目的热情也很高。原来是发愁没节目，后来发愁的是节目太多，只能搞筛选。尤其让我高兴的是，不用我动员，村里就有30多名大学生主动来报名当志愿者。他们的工作很熟练，态度也很积极，不用我再去管太多的具体工作，做好幕后的准备协调工作就好。最后晚会搞得很成功，这个大学生群体功不可没，主持人是他们，台词是他们写，不仅自己排了五六个节目，还帮着妇女和儿童排练了好些节目。在他们的带动下，村民们出节目的热情可高了，登台演出的演员共有137人。有一个屯，刚开始让大家自愿报节目的时候，他们外出打工没顾上，等他们回来时节目表已经定完了，可他们看了彩排之后坐不住了，这么精彩的演出绝不能被落下，拉着我反复要求，一定要在正式演出时把他们屯的节目给排进去。

下来做了两年半的第一书记，最后能遇到这样的"困难场面"，我真的非常有成就感，觉得值了，很圆满。

晚会结束的当天，还发生了一件很感人的插曲。

当时我正在向几位县里和镇里来的领导同志介绍情况，一些大学生在忙着打扫卫生撤台倒垃圾。一个女大学生突然上来，对我说："书记，我听说你过完年就要走了，以后可能再没有机会亲手把感谢信当面给你，所以我今天一直在这里等，等着把信当面交给你。"

她是个专科生，家庭条件不太好，但本人性格挺外向、挺阳光的。在我第一次开寒假座谈会了解他们学习生活状况时，她曾经在发言中说，自己普通话不好，作为壮族说到这个程度已经不错了，但因为自己的专

路艳和贫困户家的两个留守儿童合影

业是幼师,以后不能耽误别的小孩儿,所以一直有去考普通话证书的想法。之所以不敢去是因为觉得口试肯定过不了,而且考一次要300块钱,花这么多钱去白白浪费一次考试,舍不得。我听了她的情况,心里特别有触动,就想帮助她。几百块钱对很多城里人来说可能就是一顿饭的事,可对她却攸关事业和前途,不能让她因为这点钱就患得患失,没有信心。当时在会上我没作声,下来后在微信里跟她联系,转给她300块,鼓励她去考级,明确说这钱是我专项赞助的,不要放弃机会。她当时一再推辞不要,我就坚持,告诉她我当学生也苦过,理解她为什么舍不得花300块钱去做一次尝试,但这种考级对未来的事业很重要,必须去做……最后好说歹说才说服她把钱收下了。

小姑娘边说边哭,我也感动得流泪了,跟她说这只是件不值一提的小事,我完全忘记了。可她说书记,这真的不是小事,我长这么大,从没有人对我这么好。我会永远都会记得这件事情的,我会努力,不辜负你对我的期望,我现在没有书记你这么优秀,但是我会记得你对我们说过的那些话,虽然可能一时半会儿做不到,但会永远朝那个方向努力……

❖　❖　❖

路艳的性格爽朗，聪明干练，与人谈话中语气和目光都很坚定，能坚持追求心中的理想主义情怀，也更愿意主动地去适应社会。

这个学外语出身的女生有特别文艺的一面，喜欢读书，喜欢写作，在第一书记任期内坚持写文章，记工作笔记，想有机会时好好做一些乡村的研究工作，她在忙碌的工作之余，还开了一个叫"上蒙纪事"的微信公众号，专门记录所在的上蒙村在脱贫致富工作中的各种有意思的事情，包括她自己在内的扶贫干部们的感受，以及乡村点点滴滴、日新月异的变化。

结束任期的那天，路艳在微信里这样写道："车已驶出凌云，竟然真的已经离开。泪水止不住流下来，特别伤感。上蒙两年多，留下太多印记，有从 0 到 1 的艰难，有踌躇满志的梦想，有屡败屡战的泪水，更有以心换心的温暖。今天，十几个村民自发来帮我搬家，说想再见见我。我强颜欢笑和大家说再见，一上车就忍不住流泪到现在。在村里，我播种信任，也收获更多的信任，被需要、被信赖，付出最大的诚心，甚至很多人的生命轨迹也因我而改变，这就是两年半基层工作的终极意义。"

俞伟栋

把人生故事讲得更精彩

俞伟栋，1983年出生，浙江宁波人，毕业于清华大学法学院，硕士，中共党员，2012年报考广西定向选调生，被分配到自治区地税局工作，2016年主动申请去国定贫困县任职乡长，在大山深处一干就是四年多，一点点地改变着深度贫困乡的落后面貌。现任南宁市马山县副县长。

你老家宁波是国内商品经济发展最前沿的城市之一，生活富庶，观念新潮，按理说你毕业后完全可以在北京、上海这样的大城市发挥专业上的才能，或者回老家投身商海，无论在哪里都可以找到大展拳脚的舞台，为什么最终会选择当定向选调生呢？

原来也的确这样自我设计过。我本科毕业时已经考到了含金量很高的司法 A 证，完全可以直接去考地方上的法官，查过浙江的很多单位，都可以报考，也去律所实习过，憧憬过当律师，或者到好一点的企业做法务，还有机会直接去经商，但最终禁不住进一步深造的诱惑，报考了清华的硕士研究生。

进了清华后，学校一直宣传的就业理念是"到基层去，到西部去"，最优秀的人才就应该投身国家建设，这方面的宣传力度蛮大的，非常深入人心，很多高年级的同学都去当了定向选调生，整个氛围一下子改变了我之前的想法。所以说，环境是非常重要的，同学们在一起互相影响，都是年轻人，会有热血沸腾的感觉。到了毕业那年，广西壮族自治区党委组织部又来清华招选调生，我听了宣讲之后确实挺有感觉的，跟身边几个要好的同学一商量，大家都有这个想法，就一起去报了名。

广西对于我老家浙江来说，算是远得不得了的一个地方，家里人自然不舍得，加上当时我和妻子还在"异地恋"阶段，她是四川人，在四川师范大学音乐学院上学，本来以为当选调生会挺难做通他们的工作，没想到最终却还好。家里人一向教育我"好男儿志在四方",想怎么奔前程都可以,何况去政府部门是一个比较好的发展平台,所以最后还是支持了我。妻子那边就更顺利些,她是学艺术的,性格很直爽热情,敢爱敢恨,没有特别复杂的想法,反正两人都有专业傍身,不管到哪里都不会吃不上饭,进政府部门工作的机会不是总有的,所以她理解我的想法,不管我最终去哪里,她都会一起跟去。

报名后有面试,组织部的领导要我们自己说都擅长什么,希望去什么部门工作。我说了一些对如何促进经济发展的想法,还说到了一个地方后最喜欢去逛商场和超市,能从中了解到很多有用的信息。大概这些想法被招聘我们的处长听进去了,最终把我分配到了自治区地税局,在法规处工作。

一般来说只有做生意的男人才喜欢逛街,他们喜欢吸嗅商品的气息,只要在街上和店里走一圈,就能敏锐地嗅出这里经济发达的程度和自己的商机在哪里。组织上确实挺知人善任的,看出你这个浙江人的血液中与生俱来就有着某种商业经营的基因,就把你分到了地税局。

地税局从各方面来说确实非常不错,各种生活上的福利待遇都挺好,做的是一些案头文字工作,起草文件之类的,每天都是在办公室和家之间两点一线地上班下班。但时间一长,我就感觉这样的工作其实挺"悬浮"的,有点平淡无奇。说实话,如果一直在税务局这样干下去,我可能早就跳出来了另谋出路了,做回律师也说不定。真庆幸后面下到基层做了一点实事,让我在这条道路上一直坚持下去。

工作半年后,赶上自治区开展"清洁乡村"活动,需要有人担任地税局驻平果县的清洁乡村工作队员，我是新来的年轻人，就被派了下去，同时挂职平果县税务局的副局长，负责法规管理方面的业务。我从那时候起开始接触到基层和扶贫工作，感觉一下子不一样了很多。工作队员不同于驻村第一书记，没有必须要完成的具体任务指标，一切都靠自己去想，去发现，自己定下来想干什么后就去跟村里边商量出合适的方案，然后去跟地税局申请经费，钱拨给县地税局后由我负责使用，按照程序把它用好。两年的时间里，我前前后后申请下来将近一百万元的项目经费，帮乡镇修了路，建了篮球场，安装了路灯，修了排水设施，等等，尽量把资金的效益发挥到最大化，帮助乡村把环境面貌改变得好一点。我负责的新安村每个屯都安上了路灯，还采购了垃圾桶统一发下去，提升了环保理念，老百姓对我的工作很满意。

新安村所在的新安镇有一个很大的工业园，很多企业在里面，领导的思维比较开阔，整体发展规划上比较清晰、大气，让我亲眼看到发展产业能给老百姓带来多么大的好处，由此也萌生了更大的愿望，希望将来有机会能到乡镇工作一下，觉得这个层级更接近老百姓，所做的事情都跟老百姓的生活息息相关，能更实实在在地直接帮助到他们。所以2015年底，当听说上级要挑选有硕士学位的年轻干部下基层任职乡镇长时，我就主动报了名。

2016年5月，我被派到马山县的加方乡担任乡长，那是个国定贫困县里的深度贫困乡，全乡3万多人，1/3的贫困人口，17个村中有15个贫困村，2425户建档立卡贫困户，我在任期内最重要的任务就是完全消除贫困人口。

你原来只是省直机关的主任科员，现在变成乡级政府的"主官"，赶上了精准扶贫从开始到收官的全过程，这中间一定经历了很多不一样的精彩吧？

这样的机会确实不是什么人都能赶上的，我勉励自己一定要好好干，整天考虑的就是如何才能尽自己的所能干得更精彩。

上任后的前半年，我主要是到处搞调研，了解基本乡情。那时已经有了精准扶贫的概念，出台了"八有一超""十一有一低于"那种明确的脱贫标准，各种财力集中下来对着这些点定向突破，大量的资金拨下来完善基础设施、修路、危房改造、做公共文化活动室，还有很多的产业奖补，提高农民收入，等等，扶贫确实真正到点到位了，工作起来很有方向。

在这些例常的工作之外，我思考最多的就是怎么把扶贫产业发展起来。在我看来，一个地方要想实现真正意义上的脱贫，最终还是要依靠产业发展，否则即使脱贫了也可能再返贫。这好比一个人要站起来，你不可能永远扶着他，必须要让他依靠自己的力量站起来。但我这里是大石山区，深度贫困，又缺地又缺水，连那种在石头缝里面的地都算在内，人均也才0.6亩地。水更是缺，除了一个村有统一供水外，其他地方基本上都是用水柜。在这样的条件下想要搞产业，真的很难。而且人们的思路更"穷"，思维完全被局限了，根本没有脱贫致富的办法。传统的农业种植就是种玉米，除此之外没有什么像样的产业，最多就是零星地养几头牛或羊，全乡上下连养六七头以上规模的养牛场都没有，可以说是一张白纸，既没有现成的产业，也没有未来发展的思路。

国家对脱贫攻坚有很好的扶持政策，每个贫困村都有一百万元的产业发展资金。为了用好这些钱，我一直发动大家拓展思路，有什么好的资源都可以引进，但必须是跟农业有关，因为只有农业项目才能对群众的脱贫起到真正的带动作用。可是，好的农业项目真的不好搞，投入多、周期长、风险大，没有一定的基础绝对搞不了。不像搞一些工程项目，施工方能算清楚利润在哪里，最差也能挣点辛苦钱，不存在亏损。可是搞农业却真不一样，是烧钱的项目，一旦亏了真就能分文没有，所以项目找不到就是找不到，一点办法都没有。

没办法，我开始把目光转向老家江浙一带的资源，通过各种关系联系那边的企业，想通过引进外力来打造加方乡的产业。最终在2016年底找到了宁波一家做农副产品出口贸易的企业，已经做了十几年，每年外贸的出货量都很大，很有实力。我过去找他们老总谈，诚恳地邀请他过来考察，来我们这边办厂，既可以帮助我们脱贫，又能拓展他自己的产业链，增加自身的收益。我们可以给企业提供很多帮助，包括支持一部分资金……我的运气很好，遇到这家企业的老板很有情怀，真的被我鼓动起了扶贫的斗志，先后过来考察了三次，最终决定在我们这里投资一家"山山农业"，想办法因地制宜地发展附加值高一点的产品。当时的牛肉价格很高，也比较稳，所以先从养牛开始，让"山山农业"和乡里的一个贫困村合作办养牛场，然后做牛肉加工。

你这样做，是想通过引进龙头企业来做示范引领，在这个过程中再去发现和扶持当地的致富带头人，慢慢地让家家户户都来养牛？

对，我想过把养牛产业发展起来，每头牛至少能挣个几千块钱，相对收益高，农民脱贫能有保障。

选择这个村合作是有讲究的，它的第一书记是南宁市税务系统下派的，思想观念相对开放，我的想法能得到他的支持。村支书也不错，能配合第一书记的工作，再加上村里原来好歹养过几头牛，容易支持联合办养牛场。

有了思路和想法后就开始定厂址，那真是开山辟地。养牛场在一个山坳里面，没有路，我陪着企业老总爬上去考察了三次，都是踩着乱石上去的，只有这么一个地方适合养牛，于是就去申请开产业路，开通以后再盖牛棚。山坡上开路本身就难搞，工程难度非常大，工期拖得很长，又赶上雨季，用了差不多6个月才开通，过程非常艰辛。

但是更难的是得不到干部群众的理解和支持。加方乡在历史上搞企业就从来没有成功过，大家吃过亏，加上这次引进的又是外地企业，很容易引起本能的防范心理。村里有100万元的产业发展资金，原本定的方案是先拿出50万元来借给企业，每年支付6%的利息，五年之后还本，另外50万再拿出来盖牛棚后租给企业，每年还有租金收入。挺好的双赢，但开始启动后很多人却担心有风险，一度信心动摇，甚至想要出尔反尔地把拨出去的钱再给要回来，可见我当时的压力有多大了。

但是不管质疑和反对的声音有多大，我都咬牙坚持，宁可独自承担压力和风险，也要始终如一地推动企业向前走。我知道无论如何都必须要先做成功一个样本，只有第一个项目做成功了，才能吸引其他村的一些致富带头人开始慢慢地动起来，否则的话就算把钱给他们都不敢接、不敢用。上级的扶贫政策要给每个村都有100万元发展产业的资金，总要村里有能人把它承接下来做业务、做产业，否则我拨不出去就更麻烦了。

找项目本身这么难，可你却定下来一个原则，各村用于发展产业的资金一分钱都不允许外流，必须全部留在当地？

是的，我的确在乡党委会上这么说，加方乡的钱必须投资本地的产业项目，我们要尽量培养内生动力，尽量寻找挖掘本地能人，如果是外边的人，我们就努力帮他，积极帮他落地留下来。这样做一方面是为事业负责，自己的资金要为当地的产业发展服务，希望能用注资的方式扶持好不容易引进的龙头企业，从而带动全乡的发展。一个地方要想发展，就要有这样的好企业去引领带动，其实这样做也能够保护我们自己。只要是做产业，不可能没风险，如果资金留在本地，就算有风险也还能见到东西在这里，毕竟是我们自己在真真实实地干，不管出什么样的风险总还能掌控，可一旦拿到外面去，很多因素是我们无法掌控的，说不好听点被骗了都有可能，最后啥都不剩了。

这个决策对我个人来说其实风险蛮大的，不仅得罪人，还必须逼着自己去寻找更多合适本地发展的项目。不过好在我不是一个人在战斗，大家都一起帮忙想办法，上级也不断地出台新政策和新措施，对基层工作起到了很好的促进和推动作用。

2017年初，上级举办了一个活动，全县有七八个乡镇要竞争自治区级的产业示范点，我意识到这是一个难得的发展契机，马上和一个贫困村的干部一起商量，构架完善的方案和有前景的项目，想到了可以往食品加工这个方向发展，做牛肉和甜玉米的加工。这个村在全乡有一个难得的优势，距离高速路不到15公里，地势也平坦，可以进出集装箱货车，有条件设立规模相对大一点的工厂。我又想到了"山山农业"，它的强项在食品加工和出口，正好可以利用这个机会把它引到这个村来。

因为方案的想法在全县独创，审核提交后让我们顺利拿到了这个示范点。但是方案是一回事，让食品加工厂最终落地建成又是另一回事，为此我们整整努力了两年多，根据现有条件因陋就简，克服各种困难，经历了太多的艰辛。为了将一个废弃的学校改造成厂房，我先要去找县领导去和教育局协调，还要找财政局，要他们都同意才可以签协议租用，搞了几个月才把场地的事情搞下来；然后是没有电，要村集体投资，请供电局拉电过来。好不容易都解决了，又遇到没水的难题，我们又做各种工作，帮助企业理顺各种关系，包括企业跟乡镇政府的关系、跟村集体的关系，甚至跟农户的关系……

听说这个项目曾经遭到特别大的质疑，不仅让你倍感压力，甚至还被纪委约谈了？

因为是跟外来的企业合作，又有本地资金投入，所以大家都很紧张，上上下下都担心会不会遇到骗子。另外大家不懂行，想当然地以为就是跟做买卖一样一手钱一手货，所以搞了那么长时间还不投产，就招来了很大的非议和猜忌。其实做农产品加工企业哪里是这么简单的事情，必须正规化，必须符合国家的各种标准，包括检验检疫标准、食品标准，每一个环节都必须清清楚楚明明白白。这是一个很漫长的过程，没有捷径，流程不走完，生产就无法进行，更谈不上销售。尤其我们的最终目标是做出口，那审查就更严格了，光是批一张许可证的过程就长达十个多月。

可是一般人不明白这些流程的意义，没办法解释清楚，承受的压力确实很大。但我不管那么多，就一门心思地干，顶着压力往前走。我知道自己在做什么，知道方向在哪里，光明在哪里。别人不理解不支持时，能解释就尽量解释，实在解释不清楚也没办法，反正都是为了乡里做事，又不是为了我自己的私人利益，我很坦然的，更无欲无求，平时基本都不怎么离开乡镇，就埋头做自己的事，外边说我再多的是非也听不见。

我们是从 2017 年开始引进、打造企业的，到了 2018 年还没有完全出产品，不理解的人就更多了，认为企业引进以来一直不见成效，这中间一定有问题，又跟两三个村都有合作，总共涉及了六七百万元的资金，风险很大，说不定跟乡长的关系不正常，等等。这时赶上自治区纪委在我们县有个巡视，听到这样的反馈后把我找去县里谈话，要求当面做解释。我觉得很多话很难讲清楚，他们在办公室一时也很难听明白，不如干脆邀请巡视组的人跟我下去现场直接看。好在来核实情况的同志自己也在工业园区工作过，懂得引进企业以及准备生产整个过程的复杂性，认定我们在恶劣的环境中做了很多艰辛的准备，有了很多实实在在的成果，企业把整个产业链都建在这里，各种流水线都在有条不紊地准备，他从现场拍了很多照片，我们同时也准备了充分的文字材料，把引进的原因和来龙去脉全都做了说明，最终通过了检查。

在一个一穷二白的地方发展产业原来竟是这么难，没有强大的内心真是顶不住。

都说做产业基本是九死一生，现在往回想想，我这两年简直就是从虎口里跳出来做了这些事。

走审批手续的过程太难熬了，可以说是"过五关斩六将"，每一个关口都很难。比如出口企业有很多硬性的规定，标准是很高的，包括厂房也是有标准的，但我们的厂房是旧学校改造的，显然不合规定，所以什么事情都要我亲自去协调，甚至想各种办法找海关负责的同志沟通，希望对我们这个地处深度贫困山区的企业提供帮助，最终我一心为贫困地区老百姓真心做事的精神感动了大家，有关部门的领导亲自到我们这里实地指导，为了帮助贫困地区发展，只要不违反相关安全规定，能灵活处理的就尽量变通，以扶贫的标准帮助企业尽快落地。

我们那个地方是穷山沟，四面望去都是大山，开车很久才能到开阔的地方，说老实话，对于我这个沿海地区长大的人来说，在山沟里待久了会觉得很压抑。有时候压力大到快承受不住了，又没有人可以说，就一个人开车出去，找一个开阔的、没人的地方待一阵，大声喊一喊，也算排解一下心里的郁闷。

虽然郁闷，但我并没有绝望，毕竟做食品加工本身有一个过程，包括批证之类，在没有真正实现出口之前，别人有理由害怕，担心有风险，这都正常，等最难的熬过去，后面就会变得越来越好。

一直到2019年5月，事情才有了真正的转机，我们的第一批食用菌产品漂洋过海销售到了欧洲，内外销融合让土货变成了洋货，实现了我们县农副产品出口创汇零的突破，大家的信心才慢慢地上来了。更自豪的是，这家企业的产品很快又随着各大航班走向了全世界。在此之前，马山的老百姓做梦都想不到，自己种出的产品最终能上飞机成为航空食品，但是我们做到了，这在整个广西都是从来没有的。以前航空食品是重庆那里的贸易公司做得相对多一点，但主要是从全国各地采购后再供货给航空公司。而我们是直接在当地制造，原材料在当地，公司注册地也在当地，我们的目标是把这里打造成广西的航空小食品生产基地。

做成这件事的本身，也体现了全国上下各个领域都全力扶贫的特点。机场也是有扶贫任务的，他本身就要用产品，又要助推扶贫，所以

俞伟栋于扶贫日召集帮扶户宣传各项扶贫政策

当我们这样的贫困地区带着产品去和他们对接的时候，彼此合作谈得很顺畅，简直就是一拍即合。正是有了各方力量的推动和帮助，才让我们的产业这么快地做起来，否则凭我们一乡之力是做不出来的，这也真正体现了扶贫是一个整体的联动，不是一个小扶贫，是个大扶贫。

南宁机场每天的需求量有一万多份，每两天我们就要送一车去，这样就通过产品的品牌，把我们加方乡乃至整个马山县的名声都传播了出去，像明信片一样，源源不断地往外散发。这些产品原材料的需求量很大，我们乡本地的已经满足不了了，很多是从周边邻近的县甚至是外省调运过来的。比如我们加工的甜玉米，原料是南宁的横县运过来的，笋片是桂平进来的。可以说，我们还带动了周边地区共同发展。

你从上任之初就构想如何因地制宜发展产业，经过了三四年的示范带动，终于见到了成效。

我们当初引进山山农业，让它做了一个养牛场，让其他的村民看到了甜头，觉得你一个外地来的企业都能拿到村里的资金来合作，我为什么不用呢？于是，从山坳里的那个养牛场开始，全乡的养牛产业就慢慢地全部动起来，现在全乡100头以上规模的养牛场就有6个，其他各家零散养上六七头牛的就更多了。大家的胆子也越来越大，有冲劲了，这就是示范的作用。

经过几年打造，现在我们全乡已经有4家农副产品加工企业，15个示范园，46个合作社，这一切说明我们抓示范促带动的思路是对的。扶持企业，令企业带动一方，这才是让百姓真正富裕起来的长久之计。我们乡没有什么资源，也没有矿，只能养点牛羊，种植农产品，技术问题好解决，最难解决的是销路，一旦滞销就会损失惨重，所以我才大力发展农副产品加工企业，就是为了解决农产品的销路问题，不仅解决本地，还可以带动周边。

我把农产品加工企业比喻成一个引擎，只有把它发动了，老百姓种出来的东西才有销路，有了销路老百姓就愿意去弄，就能比较快地见效，当年种下去当年就收购了。除了山山农业之外，我们还着力打造了另一家旱藕粉加工的龙头企业，全是标准化的厂房、车间，有SC标准。我们在资金上坚决支持他们，跟村集体经济合作，前后投入了200万元，指导他们做成规范化、标准化的企业，形成可观的规模，带动了四五个贫困村的200多户村民，直接受益上千人，带动面很广。

第一年发展种旱藕的时候，后盾单位来发旱藕的种子，很多人还不乐意种，偷偷地在晚上就把旱藕蒸熟吃了。后来没想到这个产业发展得很好，不仅很容易种，除了施肥之外基本不用管，而且长得很好，收购的价钱又很高，一亩地纯收益两三千元，于是到了第二年，老百姓种植的热情就高了。

俞伟栋带领加方乡企业、合作社参加广西职工创新技术成果展示会

产业能发展起来的前提就是我们要去做引领。老百姓就是这么现实，必须让他看到真正的利益在哪里。

这家旱藕粉加工企业后来被县里作为订单农业的一个典型向上级汇报，作为大石山区如何发展的典型案例写进了呈给自治区党委书记的报告中。

把外贸企业引进来做食品加工，说白了就是在做产业链，以企业的需求为主来决定种植什么农产品，等于是订单生产。至少在整个南宁市，像我们这种能做这么多产业的乡镇是很少的。2019年底开始推广消费扶贫，我们趁机把各个产业的各种产品全都集合成一个大礼包，一个两百多元钱，内容很丰富，里面涵盖了全乡很多村子的产品，有香菇、木耳、金银花，还有甜玉米、旱藕粉、黑豆、黄豆等，不仅把全乡的农产品全都销空了，还把县里其他乡镇的红糖、鸡蛋什么的全都吸纳到大礼包里卖了出去，真正起到了带动作用。通过龙头企业带动了消费扶贫，一个大订单就有几千份，销售额最终达到了四五百万元。这种样式是很独特的，不仅县里别的乡镇没有，全广西都很少，这也创造了很好的一个机会，来宣传我们的产业和我们的发展，宣传我们这几年所做的事。

做得最成功的龙头企业就是最早引进的山山农业，它主要做罐头类的农产品，笋、甜玉米这些，采购的原料不仅来自本乡、本县，甚至来自南宁和自治区。不仅带动我们当地百姓脱贫，还带动周边县市地区，甚至在全自治区辐射。被带动的企业有了订单，销路有保障，反过来跟很多农户进行合作，收购他们种植的农产品，让大家全部联动起来了，等于是打造了一个火车头，带动周边很多的小企业一起跟上。很多县里面的企业现在也跟我们合作，大家全部联动发展，实现共赢，全乡干部现在都其乐融融，再也不提过去的分歧和担心了。

看来把你们这些定向选调生放到基层去确实很有必要。你们的学识、能量包括自身的社会关系，都给当地带来了不一样的机会。

总结自己这几年的经历，有几点很深的感受。

首先是大时代大环境给了我们这样的机遇。国家富强了，党和政府下决心花大力气搞扶贫，才能让我们有这个机遇来做这些事。

其次是感谢定向选调生政策，能让我们更好地发挥优势。我是宁波人，宁波是改革开放以后商品经济发展很早的地区，比广西早发展二三十年吧。可以说，从理念上，我差不多比这里要先进二三十年，所以很多东西我明白是怎么回事、怎么做是对的；同时，我是清华的，师兄师姐遍布各行各业，遇到困难的事情，我可以去求助他们。

第三是幸运。我去宁波，机缘巧合找到了那个合适的企业，这是一种幸运，因为这是可遇不可求的缘分，也是做成这件事情最关键的环节之一。可以说，即使是在宁波，这样的企业也是很罕见的。他本身是做农副产品进出口贸易的，做农产品出口已经十几年，老板也是很有情怀的人，有志于支援贫困地区的发展。所以很多方面我们是一拍即合。

企业引进难，留住就更难，要帮他们搞地、搞厂房，帮助申请电，还得帮着找水打井，等等。资金上也要给支持，减少他们的资金压力。总之，必须一点点地扎实工作，方方面面地做好铺垫和策应，想他们所想，急他们所急，让他们觉得当地政府真的关心他们，是诚心诚意为他们着想，一切都是为了企业能够早日上马开工。

不光我们乡里配合企业服务，上级部门也在为我们服务。比如县里领导，就一直很支持我们的工作，从刚引进项目的时候就支持，一路支持。我们乡里有17个村，引导村里和企业合作会涉及利益，在推进过程中有时也阻力重重。有时候在做项目的时候遇到村里不肯合作，哪怕是上面批下来的、已经写进文件里面的项目，都还有做不下来的情况。这时候就更离不开县领导的支持，有一次我们搞了半年都不行，最后就是县里领导出面才帮助我们做通了工作。

所以说，这个事情能成不单是我个人的努力，是方方面面的加持和配合才有了现在的成绩。虽然这中间我做得很辛苦，但这本身就是我的责任所在，只求最终结果是好的，不辜负这四五年大家一起的努力。

你在基层四年多，做出了很大的成绩，同时也经历了很多的困难，甚至是对你个人的质疑，到底是什么支撑着你坚持了下来？

我们这些定向选调生，心里面有一种热情，都是想来干点事情的。我在那么偏僻的山区、最贫困的乡镇能坚持下去，就是要告诉大家，那么偏僻的地方也能做出事情来，而且能做出比其他地方更好的事情来，实现那么多突破，其他条件更好的地方就更有潜力、更有希望了。我们

俞伟栋带领乡领导班子到各村屯督查拆旧复垦及视察乡村风貌

最终的目的是希望广西发展得越来越好,群众的日子越过越好。为山乡做贡献,就是为广西做贡献,也就是为国家做贡献。我们这些人,要在这个方面以身作则起示范带头作用,这是我们来这里当选调生的使命。

在完成这个使命的过程中,有一些孤独、有一些压力和困难都是正常的,这也是人生成长所必须经历的。你不经历这个,就要去经历别的,一样的。

以前在机关工作不接地气。在乡镇工作,每样事情都是落地的,能够更贴近老百姓,能更实实在在做点事,成就感也更强烈,对老百姓的帮助更直接,这更接近我当初做选调生的初心。

我觉得人这一辈子总应该去干一些叱咤风云的事情,所以辛苦也好,委屈也罢,都是值得的,就希望在几十年之后重讲自己这段人生故事的时候,能依然觉得精彩:我曾经在这么一个偏僻穷困的地方奋斗过几年,虽然生活很苦,但是我做成了别人不敢想的事,我对自己有交代。

❖　❖　❖

俞伟栋的性格冷静内敛，含蓄克制，在访谈的过程中，他对工作上的事情能如数家珍，但对于涉及自身的事情却每每轻描淡写，一笔带过，让人总有意犹未尽的感觉，直到有幸约到了他的妻子王沁，这个毕业于四川师范大学音乐学院的硕士，现在是广西艺术学校的老师，有川妹子特有的爽利，快人快语，从侧面补充了很多感性而生动的细节，更加丰满了俞伟栋的形象，让我们对在基层工作的选调生的生活也多了一些了解和敬意。

以下是王沁部分谈话内容的节选：

俞伟栋这个人很会说话，嘴很甜，特别会哄人。别看他平时看着好像闷闷的，慢条斯理的，可看他开会就知道了，特别能说！特有范儿！我挺崇拜他的。

我是独生女，之前也一点都不了解广西。我俩之前一直都是在网上联络交流，后来他毕业说要来广西当选调生，我就觉得这种选择很不一样。我这个人不喜欢特别安逸的生活，所以也好奇，想看看跟他一起生活到底是什么样的。我读研究生的时每次放假都过来看他，他去平果县当工作队员我也去过，认识了好多和他一样当选调生的同学，觉得过他们那样的日子也挺充实的。

我硕士毕业后就过来跟他结婚了，自己在南宁找的工作，按现在的说法就是裸婚。我觉得选一个男人不是把物质条件摆在桌上挑挑拣拣，什么车啊房的，那把对方当什么了？又把自己当什么？我不理解为什么很多人会这样。我选一个男人是有初衷的，嫁给他，就是看中他有才！

俞伟栋假日陪伴爱人时光

他本来在税务局工作很安逸的，但他说想下基层任职。那时候我们才结婚没几天，但是我一点都没拦他。我觉得男人就应该干大事，我很支持他，就是希望最好去的地方别太远，能离南宁近一点就好了，他答应得好好的，可谁知道最后去了马山县。说起来的确是没出南宁市，可远得还不如去来宾呢，他在的加方乡又比去马山县还要远一半。他怕我担心，"骗"我说开车两个多小时就到了，我竟然相信了。他经常周末回不来，有一次我就说开车过去找他，虽然是没走过的地方，但我驾驶技术还可以的，心想下班就过去了，八点左右天没黑透不就到了吗？结果按照他说的走，足足走了四个多小时才到，都晚上11点了！而且他那边山上的路特别特别难走，快到的时候，那个坡陡得感觉得有45度角，我实在是不敢开了，都吓哭了，后来是他跑来接的我。

他脾气特好，还老是笑嘻嘻的，以前他说什么我都信，后来吃亏上当次数多了，我也学乖了一点，再不轻信。他老说"没事"，在他那儿没事，到我这儿可吃不消。

就说他们乡里吧，开始他一说就是"条件还行"，我一去才发现，没有吃饭的地方，到了晚上更是什么吃的都没有，我真饿肚子的！后来我再去就自己带着锅，什么菜刀菜板之类的都带去，自己做了吃。那个地方没有什么餐馆，就有两家小店，中午饭也要早早去，稍微晚一点就关门了。

很长时间，我都不知道他到底在忙什么，一问就是忙着搞产业，基本上很少回南宁。我一个人在家里生活不方便、孤单一点都没什么，可是我想要宝宝呀，想了两年多都没有，他要么是没时间回来，要么是回来的时间不对，反正总是对不上点，这让我有点气闷。

后来好不容易有宝宝了，更是指望不上他，怀孕期间的产检他从来都没陪过我，最后生的时候他也不在。说实话，有段时间我确实对他有点意见了，怀孕生孩子他都一直没有陪我，心里当然有一点别扭，直到我们把孩子送回我妈妈那里，家里只有我们两个，有一天晚上他才跟我好好谈了一次心，说你知道吗？我差点就完蛋了！我才知道他遇到这么多事情，承受了那么大压力，真是太不容易了！我怪他什么都不跟我说，可其实他想过向我倾诉，缓解一下自己内心的孤独和压力，但因为那段时间我在怀孕生产，后来又是哺乳期，应该尽量保持情绪稳定和轻松愉快，怕我担惊受怕影响情绪，所以他只能选择隐瞒，回到家里只字不提，一个人默默承担和忍受。实在难受压抑的时候，就开车出山，到一个空旷的原野，大喊几声……

我听了好难过呀，跟他那些一比，我这点委屈和困难实在算不了什么了。

好在我们都坚持下来了，他那边的产业做成了，脱贫了，我的事业也风调雨顺，还有了第二个宝宝，现在我们很幸福，终于活成了自己想要的样子……

齐 璐

走出一条人生的捷径

齐璐，1989年出生在江西，2012年毕业于北京大学法学院，硕士，中共党员，2016年成为定向选调生中最年轻的乡镇长，在国定贫困县的基层默默耕耘了四年多，为全乡两万多人的脱贫大计操持谋划。

圆寸头、娃娃脸，待人接物温和有礼，笑容如邻家男孩般阳光灿烂，却在工作中显现出跟年龄不相称的沉稳和成熟。

你硕士毕业时还不到 23 岁，比其他同届的至少要小一两岁，是小时候早上学了吗？

上学倒不算太早，只是因为父母经商，上学期间全家跟着他们的生意迁徙了好几次，各地的学习进度不太一样，转学多了，就稀里糊涂地比同龄人高了一两个年级。

认识很多像你这样家庭经济条件优越的"第二代"，他们一般会选择继承家族生意，为什么你却与众不同地选择当定向选调生呢？

每一代人都应该有自己的际遇和追求，我非常认同这个观念，从小到大一直很努力地学习，最终梦想成真，凭自己的能力考进大学，读了研究生，更被北大推崇的人文情怀潜移默化地影响了。

北大法学院的毕业生一般求职都没问题，完全可以在京沪两地从事各种高大上的工作，过光鲜的都市精英生活，我也同样在北京一家非常大的国有金融机构拿到了很好的工作岗位，但内心多少有些迷茫，总觉得这样现成的路未必是自己真想要的。

也许是命运早就做好了安排。父母在我毕业前选择了在南宁定居，很希望我去他们身边工作，一家人能在一起。抱着照顾父母的想法，我开始关注广西的发展机会，寻找兼顾家庭和事业的可能性，偶然去听了定向选调生的宣讲，一下子被组织部领导热情的介绍深深地吸引了。广西是全国第一批定向北大、清华等重点高校招录选调生的省区市，组织部门会给予大家充分的信任，提供合适的舞台，施展本领，成就价值，这正契合了我一直梦想的事业和生活，于是毫不犹豫地报了名，并最终顺利地通过了考试，被分到了林业厅的林业改革发展处。

在刚起步阶段，很多选调生都在生活和工作中遇到过很多的不适应。

我在这方面算是幸运的。父母都在南宁，生活上给安排得很好，不用自己操心；工作上的起步就更加顺利，碰到了肯教我、带我的好领导。处长年纪不大但资格很老，能力强，性格豪爽，对年轻人非常关照。上班后先分配我做数据统计和报表，不到半个月，就带我参加了一个厅领导亲自带队的大调研，还让我负责起草本组的调研报告。知道我大脑空白，完全不知道从何入手，处长就在回程的车上不断地给我说要点，等于是口传心授。他说一路，我埋头记一路，一刻不敢懈怠，回去后梳理笔记，发现整个报告的思路已经很清楚，自己只需要在这个框架内添上具体的内容就能初步成稿。领导的要求非常高，几乎是字斟句酌，稍有瑕疵就要彻底推翻重来，整个报告从最初起草到最终完稿差不多用了三个星期，让我备受折磨的同时，也对林业厅所辖事务有了全面而直观的了解，有利于迅速进入工作状态。

半年后，领导调整工作分工，把林下经济这一块的业务全都交给了我，同时让我继续负责数据统计和其他一些大材料的写作。很多一起来的选调生还在适应摸索，我就已经独当一面了，每年光是经手制定分配方案的资金动辄几千万元。

到了 2015 年，我被调到了纪委系统的驻厅监察室，帮忙一起查案，一刻不停地忙了半年多。纪委组织部的领导对我各方面的表现同样很满意，认为无论是业务能力还是专业背景都没问题，有意要把我抽调到纪委机关去跟班学习，等适应了以后就正式调过去。但是，我却更向往去基层工作。

为什么呢？在事业上你的条件这么好，不管是在林业厅还是在纪委，都承担重要岗位工作，又受领导重视，而且年龄、学历等方面在同龄人里相对有优势，按理说只要按部就班地在机关里干下去，很容易就能拔尖，脱颖而出。

可能是我比较理想主义吧，真的没想那么多，就是一心想弥补自身的不足。

我参加工作后一直在省直机关，完全没有基层工作的经验，主要工作就是在办公室里写材料，协助出台和落实各种指导性的政策，但多是被动贯彻执行，很少主动思考，对参与制定的政策在实践中如何落实、落实的效果知之甚少。当时有不少选调生师兄也意识到了这一点，开始主动下基层挂职、任职，听他们分享的收获和体会让我很受启发，向往也能有机会去亲身体验真正的基层工作。从 2014 年起，我几次去找厅领导主动申请，想去贫困村挂职第一书记，提升自身的能力，可因为我是处里的业务骨干，去监察室后忙于查案更加走不开，所以一直没被批准。

2015 年国庆节后，自治区组织工作队，对贫困户的精准识别进行严格复核，我被抽调去田林县那比乡的六音村整整工作了三个月，算是真正深入了基层，天天在农村和群众近距离打交道，长了很多的见识，从他们那里听到了很多真实又朴素的想法，让我大开眼界，和在机关工作的收获完全不一样，想去基层的愿望就更强烈了。

2016年初，自治区准备集中选派高学历的年轻干部下基层任职，我第一时间就主动报名了。很多人劝我慎重，任职和挂职完全不同，挂职结束后能回到原单位，可任职就是真调走了，别说回原单位，就连什么时候能回南宁都说不好。基层工作必须面临国土、拆迁、征地那种"急难险重"的任务，一旦有什么问题，可能会被追责免职，压力太大了。但越是这样，我的决心反而越坚定，下基层的初衷就是想好好锻炼自己做事的能力，既然任职比挂职的锻炼机会更大，就更不想放过。

家里人刚开始对我的想法都不支持，不太舍得我去基层吃苦，特别是我才结婚不久，一旦下基层立刻就要两地分居，妻子自然不愿意，更担心我是一个"学生官"，怕我不能适应基层工作的特殊情况。但我的决心很大，他们最终也就不再反对，既然我选择了这条路，那么趁着年轻去干几年，亲身感受基层的具体情况也是好事，实在想要去那就去吧。

2016年4月，我被派到了上林县的木山乡担任乡长。上林是南宁市下面最偏远的一个国定贫困县，木山则是上林最偏远的一个乡，典型的石漠化贫困山区，全乡有72个庄，两万多人口，我上任时全乡还有4个贫困村和1832户贫困户，贫困发生率34%，条件很艰苦。

终于如愿以偿地下到基层工作了，实际情况跟你原先的想象一样吗？

相差其实蛮大的。乡镇工作看着挺简单，等真干起来才发现其中的学问太大了，最大的感受就是当乡长要管的事情实在是太多太杂了。

当初在林业厅和纪委工作，虽然也忙，但毕竟只管有限的几块业务，可当了乡长后，要管的事一下子多了很多。农林水、财政、国土、规建、安监、清洁乡村、扶贫甚至统战，如此多的业务哪样搞不好乡长都要负责任，财务审批、各种项目更是要亲自经手，压力特别大。

上任后我给自己的第一个要求就是"下村看"，用两个多月的时间访遍了全乡72个庄，了解熟悉情况，倾听群众的声音，寻找和发现需要解决的问题，一切工作的出发点就是如何让老百姓多得实惠，在踏实做事的过程中提高自己的能力。

我遇到的第一个挑战是"保卫白镜村的稻田"。

全乡最美的地方就是白镜村，有山有水有稻田，风景如画，非常漂亮，每到假期和周末，就会有很多旅游和摄影爱好者来拍照和度假。我很想好好地利用这里的美丽景色做点文章，搞一些设计，争取建设成最好的婚庆旅游基地，摄影爱好者的网红打卡点。村里做了大量的工作，通过流传土地小块变大块，最终把2000亩水田流转连成了一片，美好的愿景眼看就要实现，偏偏在这时，得知正在建设的一条高速公路计划从这片水田中间横穿而过，我一听就急了，绝不能让这么漂亮的风景和肥沃的稻田毁于一旦。

为了争取改变原设计方案，我提前做了各种准备，在县里开的高速公路征地协调会上提出了异议：这2000亩稻田不仅在未来能够成为全乡可利用的发展空间，而且这些稻田还是我们乡最好的良田，全都是农保用地，绝不能被破坏。按照国家对耕地的明确规定，农保用地必须占一补一，占优补优。现在被高速公路走了一个曲线，直接从中间切去了1/6，实际征地超过了300亩，全乡再也找不到这么多的基本农田，根本没办法补足。

为这事曾经开了好几次协调会，每次会上我都反复提。为了达到改道的目的，我和其他乡干部一起付出了巨大的努力，想尽各种办法去跟高速公路业主沟通，还很多次地带人陪着设计师一起沿途做实地勘察，遇到有些山地交通不便，还设法用上了无人机航拍手段，看里面到底是什么情况。

经过各种努力，终于成功地说服高速公路指挥部同意改道，为此他们要多打两个隧道，多花一个多亿，说服他们改道的难度由此可见一斑。

乡镇是我们国家最基层的政府部门，是和老百姓打交道的第一线，各项政策落实到位的"最后一公里"，要想当好一个乡镇长，就得心甘情愿地做这些看上去"吃力不讨好的事"。

2017年初，我去人大听会，了解到琴水村有一条路，群众呼吁了三十年却始终没有修通。这个大山里的贫困村由三个自然屯组成，3000多人口，整个村基础设施很差，交通不便，只有村部吊水庄那里有一条与外界连通的简易主干道，还是个只能走拖拉机的砂石路，而有一千多人的朝琴庄被隔在大山的另一侧，和村部之间只有一条很窄的小路，最宽的地方只有两米，不仅不能通车，而且地势低洼，年久失修，一发大水就会把路淹没，群众到村委会办事，或者孩子们出来上学，就只能翻山越岭绕道步行。山坡很陡，既不方便又不安全，群众意见很大，要求修路的呼声一直很强烈。村支书当了人大代表后，从2005年起连续十年，年年开会年年提案，但一直没有得到解决，时间一长，还造成屯与屯之间很大的人心隔阂，彼此矛盾很深。有代表就发言说，一届政府究竟怎么样，要看他到底有没有为群众解决了迫切的困难和问题。

这话对我触动很大，下决心一定要在自己的手上把这件事情落实，不管有多少困难，也一定要尽快修通这条路。

经过了解，修路项目难以上马的最大困难是资金。政策对每公里的造价有严格的规定，但这条路因为没有任何现成的路基，不是简单地硬化一下，而是要逢山开路，完全靠炸药炸出一条新路来，加上坡度特别大，为了避开低洼地，很多地方必须绕远，大大增加了施工量，正常标准的造价根本拿不下来。但要想突破政策规定提高造价又太难了，一般最多增加10%，可我们却要提高25%以上，有关部门当然要对施工方案和预算一再质疑。

我和其他乡领导统一了认识，反复创造机会，一次又一次地去向有关部门做汇报，说白了就是各种"软磨硬泡"，终于说动上级同意了我们提高造价的要求。但到了具体操作环节，又一再波折。提高造价属于特例，"个事个案"在审核时要比一般的政府规定流程更加繁复，我之前在政府部门工作了那么长时间，也完全没有想到会这样，在学校、在书本上永远不可能明白，整个过程竟然如此煎熬，真不是三言两语能说清楚的，只有在基层亲身经历了才有体会。

好在我咬牙坚持了下来，经过一再地努力，最终还是把资金申请下来了。后来又根据实际情况，想了很多办法去征得设计人员的理解和支持，在施工时为沿线的甘蔗产业增配了一些产业路，收购甘蔗时能让大车直接开进去，为村民节省掉二次运输的环节，给他们带来实实在在的好处，一个农户每个榨季要卖7-8车甘蔗，省去二次运输，等于额外增收了两三千元。

经过半年多的时间，琴水村这条三十年没修成的路终于落成了，大大促进了整个村的经济发展，让人员来往交流更加方便。现在，朝琴的妇女经常来吊水的广场跳广场舞，关系再不像之前那么紧张，大大缓解了两个庄群众长期以来的矛盾。

真是太不容易了！难得你有为民做事的情怀，没有在各种难题前望而却步，愿意下水磨工夫，终于做成了一件为群众解决迫切困难的大事。

我能做成这件事的最主要原因，还是因为有幸赶上了精准扶贫这样的历史机遇。要不是有这个大背景，即使我再有决心、再能磨也未必有用。

精准扶贫在经费上的保障真的是前所未有，我上任四年，从上级争取到了一个多亿元的资金，修了60多公里的道路，整治水渠，重新铺设了1/3的村庄人饮，远远超过了建乡30多年的总和。正因为又有政策又有资金，才让我有了用武之地，能去解决很多长期遗留的问题。

还是举白镜村的例子。由于地势低，以前这里一到雨季就发大水，动不动就要淹没整个路面，甚至漫到路旁农户的家里，家家户户都要准备沙包挡水。每次洪涝至少要一个多星期才能完全消退，经常全村停电甚至通信中断，给村民的生产生活造成了很大困扰。我在下村勘灾的时候，还曾经差点发生致命危险。当时，在接到洪涝灾害报警后，我马上就赶了过去，开车进村时车轮一路掀起水花，水浪涌向路两旁群众用来挡水的沙袋，我心里过意不去，勘灾结束后决定不再原路返回，索性从前面另外一条山路绕道回去。但我没想到越往前走水流越大，很快就看不见路基了，可是路非常窄，再想调头来不及，天色又暗，停在原地更危险，只能硬着头皮慢慢往前开，靠着那些漂浮起来的水草来判断路基

齐璐看望受灾群众并了解生活情况

的边缘究竟在哪里。那次真的很危险，我做好了万一的准备，吩咐开车的同事提前把车窗摇下来，一旦车轮不慎掉下路基汽车翻进水里，还能给自己留下逃生的机会。幸亏那次开的车是排气管比较高的皮卡，一步一步地慢慢往前蹭，好不容易才开出了积水。我连忙给村支书打电话，赶紧派人去这条路的两头拉上警戒线，一定要防止再有其他人误上那条路，万一发生危险就糟糕了。

这事我至今都没敢告诉家里人，怕吓着他们。

我下决心必须彻底解决这件事。经过反复实地勘测和调查，最终发现造成洪涝灾害的主要原因是河道年久失修，排洪量小，一下大暴雨，上游的水就集中在一起冲下来，水量很大很急排不出去，把村庄淹成了汪洋。

我们想办法筹集到足够的资金，先后做了河坝的除险加固、河道

走出一条人生的捷径

的拓宽和清淤，做了河道的"三面光"工程。经过这样的整治，排水量大了很多。再遇到发洪水，可以把水引到村外的田里，保证内涝不进家。

但是我还是不满足，只要农业生产还在受洪涝影响，就不算彻底解决了问题。进一步研究后，最好的办法是打通下游的一个溶洞。但是那样施工的难度太大，我们自己做不到。这时候我再次想到了正在建设中的高速公路，找他们反复强调排洪的隐患，说服指挥部提高公路排洪口的设计建设标准，从原先直径一米多提高到三米。我们乡政府的行政级别太低，想去对接高速公路的设计部门非常困难，但我充分利用了各种校友资源，终于直接找到了设计师，带他来实地勘测，又多次跑回南宁去跟他对接这个事情，一再强调把溶洞打穿的重要性，直到听到他电话跟我联系说敲定了最终方案，我的心才彻底地踏实了下来。

河道治理工程做好了，村民们都非常高兴，自己筹资在河道边上修建了一个游泳池，重新修了村路，路旁的河岸边也修了漂亮的栏杆，水畅路通，还在河岸边整治出了一个小广场。每到夏天，这里就是全村大人孩子休闲娱乐的中心，孩子们游泳，妇女们跳广场舞，很欢乐。

作为一名乡镇正职领导，发展产业是你最重要的工作之一。按理说，你应该多上大马项目，这样影响大，便于打造工作亮点，快出政绩。

在这种事上，我却相对地保守和谨慎。在我看来，再好的产业项目也都是机会和风险并存，搞不好就会变成双刃剑，所有的投入都是国家的财产和百姓的血汗，必须慎之又慎。下来基层任职，根本的目的是为群众做实事，让他们真正得实惠，而不是为了自己的政绩，所以我宁可在影响力上不出彩，也一定要多搞一些能保本的、前景相对确定的、能确保农民有长久实际收益的项目。

在这一点上，其他乡领导和我的看法完全一致，所以我们发展产业的工作思路，就是根据自己乡的实际情况，尽量依托在原有的基础产业上进行纵深挖潜，把力气用在对已有的成熟产业进行品质改善和效率提升上。

木山乡原来就有"种桑养蚕"的传统，只要有劳动力有场地，几乎家家户户都会养一些蚕。我们乡政府就把种桑养蚕作为重点发展的产业，尽量帮助他们把蚕养多、养好，把小农经济做成规模化。我以前从来没接触过养蚕这事，一点都不懂，为了搞好工作，就经常和养蚕户交流，多次外出学习，慢慢了解和熟悉了种桑养蚕中的各个环节，工作重点主要放在对桑叶、蚕种进行品种改良，以及升级养蚕工艺这几个方面。

改良桑叶进展得很顺利，桑叶产量高才能多养蚕的道理大家都接受，我们花了两年的时间，用县里统一提供桑苗的方式，陆陆续续把全乡的桑树品种置换了1/2，把原来的小叶桑都改良成了大叶桑。

确保优良蚕种的工作就没那么顺利了。一个蚕大致要50天的养殖期，前30天在蚕房里养，30天后再送到农户家养，俗称"30蚕"。木山乡的农户过去都是从其他乡镇甚至是其他县去购买"30蚕"，价钱和质量都不好保证。我们政府鼓励的新蚕种，和原有的那些卖老蚕种的蚕商之间产生了利益冲突，他们用"放多"的办法来对抗新蚕种。蚕种以一万为售卖基数，蚕商的"放多"，就是每卖一个基数会额外多给一些，有点像超市里促销的赠品，老百姓很容易被这种现实可见的好处诱惑。但是，这样的老蚕种因为质量问题，成活率上不一定有保障，甚至有时候"一批"下来全都养不活，农户的资金和劳力成本就会付之东流。

我们鼓励的新蚕种，各方面都比老蚕种好，唯独价钱上比较高，相对没有优势，我们就在符合政策条件的情况下，用资金补贴的方式去引导农户，激发他们换蚕种的积极性，大力引导蚕种的升级换代。

曾经有人建议过，既然新的蚕种好，就应该用政府强制推广的方式来推动蚕种的升级换代，但我和乡班子成员商议后，却一致认为不可如此。这种事关产业发展的大事，只能引导，决不能强制推行。政府意志不能代替市场规律，否则一旦失败，会有很大的后遗症，老百姓会怨声载道。我们宁可一时见不到政绩，也要坚决克制住这样的冲动。

让我花力气最大的，其实是对养蚕结茧的工艺进行升级改造。

原先农户的养蚕方法比较落后，结茧率不高，"双宫蚕"的比例会在10%-20%。这种"双宫蚕"品质不高，不值钱，只能做蚕丝被，"单宫蚕"才能做丝绸。我带队去宜州参观时，发现那里有一种"方格竹"的新工艺，能大大减少"双宫蚕"的比例，蚕茧的质量比传统模式好很多，而且还非常省力。原先收蚕茧，一家4口人要干一天，采用这种新模式后，两个人只需要干两个小时就可以全部收完。我觉得这个模式既高效又节约，尽管不是什么高科技手段，但能产生很大的效益，就想在全乡推广这种新工艺的升级改造，将其称之为"省力化改造"。

但是这个工作推行起来真是非常曲折和艰难。

群众是最讲实际的，因为技术改造要牵涉到一些成本，又是新鲜事物，大家最初全都观望。想把新技术推广开，仅仅靠口头宣讲是没用的，所以我双管齐下，一个办法是像蚕种那样进行补贴奖励，承诺对先进行技术改造的养蚕户，政府补贴其改造成本的3/4，后改造的最多补一半；另一个办法就是做试点，搞示范效应。我们从后援单位那里募集了一笔钱，选了三户人家做试点，大中小三种规模同时上，然后经过核算，发现做大蚕房的性价比最高，于是就动员了一个村，在那里投入了一百多万元资金，建起了一座标准化的大型蚕房。我们乡在发展上有一个先天的劣势，就是几乎全是农保地，找不到合适的建设用地，最后没办法，只能在山谷上硬平整出一块地方搭建蚕房，所以基建成本比较高。

大蚕房建好后，有个养蚕大户来承包，仅半年的时间就达到了一定的生产规模，核算下来，除去包括租金在内的所有成本，半年净赚了好几万元。

和这个承包人签合同的过程也是几经周折。他一开始有点不敢签，担心自己找不到足够的桑叶。每一批养 1 万小蚕，至少需要 3-4 亩的桑叶，大蚕房如果满负荷运转起来，就必须找到几十亩的配套桑叶才够这些蚕吃。我了解到这个情况后，就主动帮他寻找可做桑叶的土地，给他提供扶持政策，鼓励他流转过来种桑。可是他后来又嫌流转来的地离蚕房比较远，不通路，非要乡政府先承诺帮他修通那条全长 1.8 公里的配套桑叶产业路，然后他才肯签合同。但是我不同意把这一条作为签合同的前提条件，为这事和对方僵持了两个多月。

其实修这条路早就在我的计划中，事先已经跟县里沟通好了，所有的资金全都落实了。我不答应的原因，是想让扶持政策发挥出真正的作用。我认为，所有政策补贴的真正目的，是要通过扶持产业带头人去带动更多的贫困户，所以承包者自身的决心，以及他与政府之间的互信关系极为重要。我就是要看看承包者是不是真的很迫切想干这个事情，看他愿不愿意先行投资，说白了，是要用这种办法来筛选和考验承包人。

最终承包人没有让我失望，先签了合同，并真金白银地投入进行流转土地种桑叶，而我这边也就马上按照政策及时地发放补贴，并开始动工修建产业路，取得了皆大欢喜的结果。

在大蚕房这件事上你如此煞费苦心，就是要确保它能起到示范带动作用，让群众实实在在地看到其中的效益，更多地加入进来。除此之外是不是还有其他更深层次的考虑？

我这样做确实暗藏了另一个目的，就是想通过这样的过程，逐步达到"种养分离"的目标，让农户种桑的专门种桑，养蚕的专门养蚕，从而进一步发展壮大种桑养蚕这个重点产业。

养蚕毕竟是有一点技术门槛的，养得好的，一年最少养 12 批甚至更多，但是养得差的却真会养不成。什么事情都得讲究"术业有专攻"，所以我的目标是想逐步达到"种养分离"，让一部分有能力、技术好的人专门负责养蚕，另外那些不擅长养蚕的，改为专卖桑叶。养蚕的成本，桑叶支出其实是大头，一斤蚕茧的售价中，桑叶成本要占到一半。所以只种不养，不仅不会降低收入，而且还能省下劳力，不用那么辛苦。一旦实现"种养分离"，产业带动的作用会更加广泛和显著，只要有地会种桑树，就能加入种桑养蚕这一产业链中，这样能让产业照顾到更多的贫困户。

通过建设大蚕房，我树立了"只养不种"的样板，接下来还要在养蚕技术一般但擅长种桑的人中寻找突破口，推行"只种不养"，这样，"种养分离"就能见到雏形了。

你在产业发展中坚持只引导、不强制，确实非常难能可贵，但是会不会影响实际的工作效果？

只要工作到位，方法对头，照样可以取得非常好的实际效果。

在推广养蚕的"省力化改造"过程中，我们干部各种身体力行、现身说法，为了达到固定宣传的效果，还制作了视频和PPT，先后说动了十几户参与试点，都取得了很好的效益。其中一个村支书非常幸运，他做了"省力化改造"的试点后，产量高、质量好，而且出蚕茧的时候恰好赶上了市场价最高点，一批蚕就收入颇丰。这好事一下子就传开了，村民纷纷效法，好多人主动来申请改造补助。看到申请的人越来越多，我在高兴之余又开始为筹措补贴的资金犯愁，一下子让我上哪儿去找这么多钱？但是养蚕户的热情被彻底地激发了，到最后很多人索性提出，哪怕政府不给改造补贴也行，只要提供技术扶持，他们就愿意改造。

在某种意义上，我为了保证产业的健康平稳发展，有意识地帮助养蚕户们培养一定的心理承受能力。市场肯定会出现震荡，有段时间蚕茧收购价也确实暴跌过，但养蚕户们并没有太多的抱怨，加上我们及时做了疏导工作，所以即便蚕茧价格一度暴跌，养蚕户们的心态却比较平稳，积极性始终都在，信服我们对市场做的分析，认为我们说的在理，相信价格涨跌会有轮动，愿意耐心等待下一波行情。在这样的市场环境下，大家不仅继续养蚕，产业规模没有减少，而且还被资金补贴的政策所吸引，趁着这个时候加大了优良蚕种的替换率，结果不到半年的时间，就迎来了蚕茧收购价的暴涨，养蚕户们都获得了相当可观的收入。

我后来还写过一篇文章，叫《小蚕可做大文章》，专门总结了我这一段的工作经历，对农村工作如何才能更有效做了一定的总结。我的体会是，要想真正让产业健康发展，凡事就不能只靠政府拍脑袋从上往下硬推，不能人为地树立"致富带头人"，而是要在群众的实践中及时发现亮点，总结经验，因势利导，顺势而为，激发起群众自己的"内生动力"。

听说你们乡有一个非常出色的"致富带头人",就是被你用这样的理念和做法发现和带动出来的?

我们乡有一对年轻的夫妻,是精准识别中的建档立卡贫困户,扶贫干部和第一书记帮他们分析了致贫的原因,规划了脱贫方案,按政策为他们申请到5万元的扶贫贷款。

我上任后,发现这对夫妻很要强,在种桑养蚕的同时,还在自家后院里养牛,一开始是一头,后来发展到两三头。我及时鼓励他们,同时也对养牛场地存在的缺陷提了一些建议。没想到他们真把我的话听进去了,行动力极强,没过多久就在一个不怎么通路的山谷中硬化了50平方米的地方,自己动手搭建了一个简易牛棚,让我意识到这家人是难得的好苗子。到了2016年下半年,第一次全国"致富带头人"现场交流会在我们县举行,我推荐他们去参加了培训班,跟着去广东参观学习了一趟,一下子开阔了他们的思路,扎扎实实地学到了很多以前不知道的养牛技术和经验,马上就学以致用地用到自己的养牛场中。他们做事非常专注,一直用种桑养蚕来带动养牛,卖一批蚕茧赚几千块钱就买头牛回来,就这样慢慢有了二十几头牛,显现出担当产业带头人的很好潜质。我就会同他们村的第一书记,开始有意识地对他们进行帮助扶持,帮他们创造条件打牢进一步发展的基础。全县开展"基础设施大会战",让各乡统计都有什么路需要修的,我们就报了他们家牛场这条硬化路,从村里一直通到了山谷里的牛场。这对夫妻看到乡长这么支持他们养牛,还帮助修通了路,很感动,养牛积极性更高了,不断地加大投入,不断地卖蚕、买牛,一再扩大养牛场的规模。

养牛本身的周期长,产出慢,而且牛存栏数多了,饲料的支出也就越来越多。看到他们家的资金压力越来越大,我就适时地出主意,鼓励他们拓宽思路,想办法自己种牧草做饲料,既能减省购买饲料的支出,又能增加新的收入。村里的第一书记工作很给力,免费给他们搞来了几十亩的优质牧草草种,让他们试种了 50 亩,发现这个草产量高,发酵后牛爱吃,比原来买饲料喂牛成本低很多。他们开始是用自家的好地去跟别人置换,扩大种植面积,后来干脆直接租种别人家的地,最终搞了 200 亩的连片地专门用来种牧草,自己加工饲料,并联合那些租地给他家的农户,一起办起了养牛合作社。我认定这是一个发展新产业的难得契机,开始顺势而为,着重发力。

他们的牛场规模越来越大,原有的牛舍不够用,再扩大规模有困难,我利用北大校友的资源,争取到了 30 万元的政策性贷款,为他们解决燃眉之急。

这几年全社会已经形成了扶贫的热潮,各单位都积极参与扶贫项目。市里给我们乡牵线搭桥联系来了一个后援单位,想找合适的扶贫项目,我趁机把牛场这个项目推出来,让帮扶单位捐助了一套牧草加工设备。这夫妻俩利用这些设备新开了牧草加工场,又投资 20 多万买了一个大型收割设备收割牧草,加工的牧草饲料不仅供给自己牛场,还出售给别的养牛户,甚至有外村、外乡的人也过来买饲料,饲料加工成了合作社一个很主要的收入来源。现在各乡农户零散养牛的非常多,饲料需求量大,特别是到了冬季,一吨牧草加工的饲料能卖到 500 元,卖十吨,一头牛的钱就赚回来了。而一亩地能产 30 吨优质牧草,合作社当初流转了 200 亩,一年能产 6000 吨,合作社自己用 2400 吨,剩下能卖 3600 吨,轻松收入一百多万元。养牛是个长期投入,但卖牧草和牛粪却能随时带来可观的短期收益,彼此形成很好的互补。

看到这对夫妻自己成了名副其实的"致富带头人",我们就及时整理这个贫困户家庭自强自立的事迹,宣传他们如何不仅自己脱贫,还通过投资入股、流转土地和用工三种方式,带动了二十几户贫困户一起脱贫。材料报上去后,获得了上级的重视,自治区和市领导都过来检查指导,因此带来了很多及时有力的支持。比如这对夫妻想进行饲料加工,但是设备有了,电压却不够,领导当场拍板,马上解决这个问题,第二天县里就安排电力公司来实地勘察,通过走扶贫项目特事特办的方式,专门给养牛场拉了一条价值二十多万元的电路,变压器就直接安在了养牛场。

上级领导的支持是最给力的,为了让养牛场更好地利用好这些难得的资源和机遇,我们主动帮助他们归纳要解决的问题,各种顺势而为,借力打力。养牛数量增多后出现了水供应不上的问题,县领导视察时答应帮忙建水柜,但需要他们自己报预算。这种事情贫困户不会做,我们就连夜帮他们做预算,趁热打铁地报上去。

现在这个养牛合作社越滚越大,发展得很成规模,最终带动了周边40多户的贫困户一起参加。大家很高兴,不出远门就能得到一份工作,干一天一百块,牛场还包吃一顿午饭,女老板有空时亲自下厨,没空就买来菜让他们自己动手,这样的日子让大家都很乐呵,感觉生活有奔头。

这两个带头人对我很信服,还彼相督促,只要是我提的要求就一定要做到最好。他们表达了想要入党的愿望,按我的要求自己在家写入党申请书,丈夫后来跟我"叫苦",说老婆对他要求太严格,不许写错别字,更不许涂改,写错一处就要重抄,一遍遍地抄了整整一个晚上。

这样的脱贫典型才是我最想要树立的,一定要先看到他们自己在脱贫的路上肯干、能干,然后再去调动各种政府资源去及时加以扶持和推动,这样才能让扶贫资源和扶贫资金发挥最好的效益。对这个养牛合作社，我花了很多的心思，但除了后来建立产业示范园时花了一点钱之外，其实并没有做很多实际资金上的投入，从始至终都是群众自己在不断地滚动、积累、追加。把这样的企业树立成脱贫的典型和龙头，大家看了之后才服气，才能真正起到示范带动的作用。

作为龙头企业，养牛场还对全乡的发展起到了很好的带动作用。琴水村有100万元专项资金用于发展产业园，但那里是喀斯特地貌，村里想建座戏台都找不到一块平整点的地，很难找到好项目，只能往外投资，搞"飞地经济"。我反复向他们宣传，绝不能随便把钱花出去，一定要投有前途的好项目才行。后来他们听了我的介绍，来考察了这个养牛场，决定把钱投进来。说实话，我对这个合作真是又喜又忧，喜的是琴水村的飞地经济任务完成了，忧的是怕因此超出了养牛场的实际能力，对它到底有没有能力吃下这100万元心中没数。按我的本意，更愿意他们发展得再稳健一点才好，步子不一定要迈得这么快，所以我反复帮这对夫妻分析合作的利弊，要他们务必想清楚，到底行不行，千万别贪多嚼不烂反而害了一个好项目。

好在最终的结果很不错，养牛场发展得很快。琴水村更满意，他们被养牛夫妻的干劲感染，组织全村干部来实地学习，人家原来基础这么差都能发展得这么快，自己回去一定要想办法好好发展。

这可真是"有心栽花花不开，无心插柳柳成荫"。你不刻意追求"亮点"，只扎扎实实地工作，最终却收获了如此亮丽的成绩。

这一点也正是我对自己最满意的，始终比较冷静和理性，量力而行,不去为了 漂亮的"成绩"而一味追求企业的规模和养牛的存栏数量，始终把规模控制在合理的范围内。

与其去争当全县规模最大，我宁可要发展最优，这才是我真正的追求。

在对养牛场的扶持过程中，我自己也有了新的收获，通过不断地总结和思考，逐渐形成了新的产业发展思路，把"种草养牛"作为全乡新的重点产业，通过大力推广来整合全乡的产业链。

我们乡原先是个甘蔗种植大乡，有将近 2 万亩甘蔗，每年都有大量的甘蔗叶废弃在地里，后来发展种桑养蚕，每次夏伐都要砍掉多余的桑树枝干。推广养牛后，这些东西一下子全都变废为宝，成了很好的牛饲料，尤其是甘蔗叶，含糖量高，可以自然发酵，牛很爱吃。这样通过养牛，还能进一步提升了原有产业的附加值。

我们乡的人均可耕种土地不算少，种植最多的是甘蔗。但是种甘蔗收益低，为了脱贫增加收入，一直在想办法引导群众减少甘蔗种植，转而种植其他高附加值的农作物。发展"种桑养蚕"就是办法之一，可是也有一定的局限性，不仅需要技术，更需要很多的人工去维护，上升发展的潜力有限。我希望能通过重点扶持养牛的龙头企业，扩大全乡的养牛规模，增大牧草的需求量，这样就能顺势在全乡大面积推广种植牧草，用三年的时间让本乡牧草的种植达到规模化和品牌化，从而对全乡完成产业链的整合。

我一点都不担心牧草产量大了不好办，各地的牛羊养殖业发展很快，到那时自然会有更多、更大的企业过来帮助消化，不是仅靠我们本地的养牛企业。

养牛合作社已经在这一点上做了很好的示范。他们租了一两百亩地种牧草，自己加工饲料产品，闯出了名声，根本不愁销路。2020 年

齐璐参与牧草产业实际劳作

疫情期间，很多地方的人都想过来买牧草，但车进不来，为了保证农业的正常生产，我就主动帮助协调，及时把牧草运出去。

选调生大多是外地人，难免会有"水土不服"的情况出现。可是你却有一个特别突出的特点，不管在哪个工作岗位，都能和领导、同事相处得非常融洽，事业也发展得相对顺遂。你怎么总能遇到"贵人相助"呢？

还真没有认真想过这事。也许，一方面是我运气确实好，所到之处正好都风调雨顺；另一方面，应该也和我自己的主观心态比较好有关吧。我一向认为，一个人主观上怎么对待人，对待事，特别是当遇到挫折和委屈时采取什么样的态度和方法，都会在某种程度上反过来决定他的客观处境。

刚开始当乡长时，也会有指挥不动手下干部的情况。一个合格的乡长，必须能做到该干事的时候干事，该给钱的时候给钱，可我因为没有任何基层工作经验，又年轻，没底气，该拍板的事情不敢拍板，某些资格老的干部就会故意刁难我，抛点难题，提点不合理的条件，想看我的笑话。但这个阶段很短暂，主要我是真心干实事，时间长了自然能得民心。

我鼓励大家把遇到的困难反映给我，只要在原则范围之内，能解决的我一定帮他们解决，不能解决的或者超过了原则范围，也会坦率地把道理讲清楚。我不是只坐在办公室对他们发号施令，而是去到第一线和他们一起干，这样就拉近了和大家的距离。特别是看到在一些工作的关键时刻，我不仅有办法，还敢担当，那些老资格的干部就越来越服气了。

在这一点上我还要特别感谢组织上考虑周到，给我配备了一个资深且成熟能干的党委书记。卢书记非常支持和配合我这个年轻的乡长开展工作，党政正职之间的关系非常和谐一致，工作上搭档得很顺畅，让我能在一个好的工作氛围中快速历练和提高。

现在，我们木山乡的领导班子可能是全县最年轻的，一共11个人，"80后"占了8个，最年轻的宣传委员是90年的，大家年纪相仿，志向相投，非常团结，工作开展起来没有太多的掣肘和束缚。

你在基层工作了四年多，最大的收获是什么？

我以前有为民办好事的情怀，现在又有了一些为民办实事的能力，这是四年多基层锻炼给我的最大收获。

毕业后我先在机关工作了近三年，积累了一定的工作经验，但到了基层后才发现，很多原先认为很好的想法和思路，其实很多是想当然了，与真正的群众工作相差挺大的，只有更加了解基层，才能通过这样的了解来提高自己服务群众的本领，找到让他们接受的办法。

拿我们现在的一项工作为例，是要解决农村中的危房问题，要求不能有人住在危房里。这个政策要求当然没问题，但在具体解决的过程中却会有各种令人头痛的难题。比如有一家，户口都在儿子的新房中，原本相安无事，但因为家庭内部闹婆媳矛盾，婆婆自己执意要搬回老房子去住，可那个老房子就是危房，我们就必须在上级规定的时间期限内，想办法动员老太太搬回去跟媳妇住，既不能强拆，不能采取任何强制性的违法行为，还要能符合他们内部家庭伦理的实际情况，确实比较考验人。这些都不是在机关里能想到的，更不是在学校里能学到的。

包括在高速公路建设的过程中，我同样遇到过一系列特别棘手的麻烦。

首先是征地工作，在很多村遇到了土地权属不清的困难。甲说这块地是多少年前被他爸爸开荒开出来的，乙却说是他爷爷的牛耕出来的，各说各的理，加上现在很多的当事人都很懂得利用舆论，只要觉得哪个问题处理得对自己不利，动不动就去找媒体记者过来曝光，甚至还有人要借助外力来给乡政府施压。为了保证工作的进度，就要求我们必须能想出搁置争议的办法，让施工先干起来。

好不容易才解决了权属不清的问题，又有村民和施工方之间因为堆料用地爆发了纠纷。按照属地管理原则，乡政府必须出面协调这些事，否则很容易让事件升级。

齐璐帮扶贫困户搬入危改新房　　　齐璐入户动员易地搬迁户拆除旧房

我的体会，基层工作的最大考验，就是既要在上级规定的时间内完成任务，同时又必须能找到合情合理合法的办法去做通群众工作。这两者之间在很多时候并不是完全不一致的，我在接下来需要思考和研究的一个课题，就是如何在其中寻找到最合适的平衡点。

你除了在全乡层面上要负责扶贫工作之外，作为个人也还要直接挂点负责贫困户吗？

是的，我们每一个乡干部都有这样的任务，我个人直接挂钩了四个贫困户。

对待这几户挂钩的贫困户，我的做法基本跟在乡里是一致的，除了严格执行和落实各种扶贫政策，及时帮他们申请危房改造指标和产业奖补之外，还要在思想上引导，激励起他们自己脱贫的内心动力，不等不靠，凭自己的努力脱贫。其中三家靠种桑养蚕，一家靠外出务工，现在都顺利地达到了脱贫摘帽的要求。

只要把群众引上了正确发展的道路，他们自己能在摸索中迸发出很多智慧和想法。

其中有一户老夫妻，主要是家里的两个孩子都在上学，另外还领养了一个亲戚的孩子，劳动力少导致贫困，被评为建档立卡贫困户。在我的鼓励和帮助下，他们开始种桑养蚕，同时在家养牛。开始是养本地黄牛，后来我鼓励他试养了一头西门达尔牛，几个月后他自己就说，这个西门达尔牛真是厉害，三个月长的体重等于我们本地黄牛养一年。所以不用再动员，他自己就陆续全都换养了西门达尔牛。后来没过多久，又发现养母牛比养肉牛更合适，说的道理很朴素：母牛、肉牛都是养一年，但是肉牛一年还是一头，可是母牛生小牛，等于一年变两头，小牛三四个月大就能卖，而且前8个月在母牛肚子里，生下来头一个月又只喝奶，不吃饲料，所以等于只需要喂两三个月就能卖掉换钱了。可是肉牛就不同，虽然最快养8个月到一年就能出栏，可是这8个多月它一直要不停地吃，越到后面长得越大吃得越多，还是养母牛卖小牛合算。这就是群众在实践中提高了，自觉认识到了调整养殖模式的重要性。

另外一户贫困户，他们在物质上脱贫后，又有了精神上的追求和梦想，告诉我说要用自己赚的钱去北京看天安门，而且要坐飞机去。过年时，还亲笔写了一副对联贴在新房子大门上："精准扶贫政策照耀千家万户，帮扶干部深入群众了解人心"。虽然看上去没什么文学性可言，书法更谈不上，但的确是老人家自己的心声，真切而实在地表达了人民群众对扶贫政策的感恩情意。我看着这副对联，心中真的是非常温暖和满足。

齐璐入户动员青壮年劳动力外出务工

会不会有人质疑过你这些年的经历是在自讨苦吃呢？先是放弃条件优越的物质生活当选调生，又主动申请下基层任职，也没见做出多么了不得的大事，四年多来受了那么多的苦和累，可在职务晋升等方面可能还不如一些留在机关工作的同志，你到底是怎么想的，真的就一点都不后悔吗？

我这个人爱做具体事，希望看到做的事能产生出实际的效益。在机关写稿子、出文件当然是一种做事，可是做了之后我不能亲眼看到对普通的老百姓到底能产生哪些好处，付出感不那么强烈。而在乡镇工作就不一样了，不管我给群众做什么，都能得到直接的反馈，能直接看到我的工作到底是如何让他们更加幸福和快乐的。

在基层工作了 4 年多，我可能未必给当地带来多么了不得的改变，但是这段经历却实实在在地改变了我自己，让我明白了很多人生的道理。人生的意义未必就是一定要做出什么惊天动地的大事，虽然我这几年只在干一些很小的事，小到一盏路灯，一条人饮，一条道路，但它们都直接涉及了老百姓生活的改变，所以，这就是我做的天大的事了。

❁　❁　❁

齐璐在这次采访的定向选调生中最年轻，但这个娃娃脸的"娃娃乡长"心态却非常好。他有一个特别突出的特点，无论遇到什么事，都显得非常淡定，不着急。

他说自己真的一点都不后悔当选调生，更不后悔下到基层。这条路在物质享受、职务晋升、事业进步上也许的确是自讨苦吃了，但是换个角度看，没准却是自己人生成长的捷径。

采访结束后不久，齐璐所在的乡正式脱贫摘帽，而他本人则通过中央和国家机关遴选，考录到应急管理部工作。

刘栋明

"绿水青山带笑颜"

刘栋明，1988年出生，安徽宿州人，毕业于华中科技大学公共管理学院，中共党员，硕士，2013年报考广西定向选调生，在自治区党委组织部工作。

2018年挂职第一书记后，刘栋明把一个深度贫困村改变成了山清水秀的旅游胜地，让一个被天险阻隔了外界联系的贫困村走上了脱贫致富道路，更让一度辍学的孩子们重新拥有了通过读书改变命运的机会，赢得了全体村民真心的尊敬和感谢。

有人用两种颜色来形容刘栋明：第一种是红色，他的心是红的；第二种是绿色，看到他就很有希望。

当初怎么会想到来广西当选调生？

我是华中科技大学公共管理学院的研究生，专业的特点比较适合毕业后进政府机关工作，老师上课时也经常鼓励我们争取这方面的机会，一有来招公务员或者选调生的，都会推荐我们去试一下。2012年下半年，广西第一次来我们学校招定向选调生，正好前一年我刚和几个同学去过广西做一个土地整理的课题，跟着国土厅的人一起去下面跑点，走了南宁、防城港、北海好几个城市，对那里有很好的印象，就很积极地去听了宣讲。广西壮族自治区党委组织部的领导非常热情和细致，我被他们的真诚所打动，马上决定报名参加考试。

笔试顺利过线了，紧接着就是面试。在重视人才的问题上广西做得确实比较好，当时才11月底，距离我正式毕业还有半年，但面试通过后马上就和我签订了就业协议，算是正式录取了。到了第二年5月，我被正式通知工作单位是自治区党委组织部。别人都羡慕我去了这么好的一个单位，今后发展前途会很好，可是说实话，我当时真的是懵懂状态，连组织部是干什么的都不知道。我出生在一个农村家庭，家里没有人有过在政府部门工作的经历，在老家的时候，连县委、县政府的大院都没进过。大学时路过那些省直机关大院，门口有岗哨，感觉坐在里面的人都很神圣，真没想到有一天自己也能去这样的地方工作。

你在组织部的生活和工作一切都挺顺利的，为什么要一再主动申请下基层呢？

我是那种别人所说的"三门干部"，从家门进校门，再从校门直接进机关门。参加工作后，我就一直在自治区党委组织部党建业务口工作，负责党建这方面的工作，对应着中组部的组织局。每天在省委大院里，工作一直按部就班，参与起草了很多的政策文件，时间长了非常想去基层看看，这些年经过我手发了这么多文件，很想知道下面到底是怎么落实的。在部机关里工作了5年，虽然经常跟着领导一起下去调研，把广西14个地级市全部跑了几遍，也走了下面几十个县，一些比较偏远的县也去过，但感觉还是不够深入，总想能到更具体的层面去了解一下。

等到2018年，看见部里面发通知，要选派新一批的第一书记，我觉得自己在机关工作5年了，生活也稳定了，有了孩子，也安了家，就想有机会去基层看看，所以就毫不犹豫第一个打电话报了名。我在处里业务比较熟，很多业务都是我具体操办的，在机关我是搞基层党建工作的，下基层也算政策业务对口。我是选调生，一直在机关里，没有基层工作经历，肯定是需要补课的。部里面一直倡导基层导向，下去看看也是培养年轻干部的需要，最终赢得了领导的全力支持。

自从精准扶贫后，省直机关每个单位都要重点联系一个贫困县，我们组织部联系的是凌云县，挂点了4个贫困村，分布在3个不同的乡镇，需要派4个第一书记，同时要派一个处级干部到县里挂职常委。另外，伶站瑶族乡的浩坤村是我们组织部部长的挂点联系村，工作更重，需要在第一书记之外同时加派一名工作队员，所以每一批要同时派下来6个人。

按照"因村选人，精准选聘"的原则，经过部务会讨论，2018年

3月19号，我来到了浩坤村挂职第一书记，和我一起来的还有中国人民大学毕业的廖家秀。

你去的浩坤村具体情况是怎么样的？

浩坤村是地处大石山区的一个少数民族聚居的村寨，在崇山峻岭深处，山多地少，九分山一分土，是自治区的一类贫困村，主要是壮、瑶两个少数民族的村民聚居，自然环境极为恶劣，贫困面大，贫困程度深，贫困人口多，全村有8个自然屯，448户，其中"十三五"建档立卡贫困户就有197户，也就是说，几乎一半是贫困人口。恶劣的自然条件几乎无法发展传统意义上的种植养殖等农业产业，老百姓很穷，想要脱贫致富比登天还难，号称"天为难地为难""天不管地不管"。交通更成问题，进出村子都要靠爬梯子斜穿一个叫"猪笼洞"的坑洞，坡度超过80度，木架扶梯近百米高，陡峭而危险。直到2005年，当地党委政府帮助打通了一条通村隧道，总算为浩坤村勉强打开了一道山门。

2015年我们组织部接手了浩坤村的扶贫工作，等于是从一块处女地上零基础开始。村寨附近的深山里有一处天然湖泊，叫浩坤湖，水质清澈，湖中还散落着一些岛屿，岸边峰崖奇丽，很是秀美，组织部领导和当地政府商议后决定依托浩坤湖搞"旅游扶贫"，走旅游兴村之路。

上一届第一书记做了很多工作，搞了精准识别，确定了用发展旅游产业来带动这个村脱贫的大方向，搞了旅游开发规划，同时还大搞基建，修路，打隧道什么的，工作很有成绩，但同时也给我留下了很重的任务需要继续完成。

按照发展旅游产业的规划，需要在浩坤湖边上建一个码头和一个酒店，要对那里的 20 多户人家和一大片坟地进行搬迁。我来之前，搬迁工作已经进行了一段时间，好说话的都搬了，剩下不搬的全都是比较难啃的，我的任务就是配合乡镇干部限期完成拆迁工作。我当时接到任务真是一脸懵，一心以为要来完成的任务是脱贫攻坚，怎么一下子变成拆房迁坟了？一点思想准备都没有。可是当地的领导说了，这就是当前最重要的脱贫任务，所以，再难也要全力做好。

我和小廖一开始跟着乡镇干部和县领导天天去跑拆迁，没白天没黑夜地去和人家谈，去做工作。当地村民主要是瑶族，我是北方人，一点听不懂他们说的话，只能找人翻译，跟他们一点点聊，把一些搬迁的政策、补偿的标准和他们慢慢地解释，同意搬了还要帮着他们抱孩子、拆房、搬家具、搬柴火。

记得有户姓李的村民，他的家就在码头那里，房子刚刚建好，为了大局必须做通他的工作，只能天天和乡镇的领导一起去他家，找他谈话，允诺他落实每个月的生活补助，安置的房子保证比原来的地理位置更好，不让他吃亏。好不容易才做通工作，可临到搬家那天又差点出岔子，我们原来的打算是把所有家具什么的全都帮他们搬到新家去，至于一楼堆放的柴火可以作价赔偿给他，但是他却不同意，一定要原封不动地给搬过去。这些柴火，作价连 200 块都不值，可是要雇人搬过去，光工钱就不止 1000 块。为了不节外生枝，我们只能答应他的要求，一起动手帮着搬过去。

扶贫工作这么难做，你自己又是"三门干部"，没有基层群众工作经验，怎么才能找到新的突破口呢？

我以前对浩坤村一无所知，从来没来过，完全是人生地不熟，谁也不认识。正式上任第一书记后，首先要建立起一种正确的工作思路和方向，真正地发挥自己的作用。村里的事情千头万绪，究竟应该从哪里入手呢？这时候我想起到组织部工作后看过一本书，叫《学哲学用哲学》，里面说了给群众办事情的五大原则：第一，办多数人受益的事情；第二，办群众最急需的事；第三，办长远有益的事；第四，办有益于精神文明建设的事情；第五，办力所能及的事。我决心就用这五条原则来指导我的工作。

我和另一个工作队员，花了两三个星期的时间，走遍了全村的8个屯，挨个召开群众大会，向大家介绍我们自己，宣传扶贫政策，同时让大家把这些年最想做的事情提出来。大家的反应非常热烈，在基础设施、就业渠道、教育资源等各个方面都提出了非常多的建议和需求。回来后我就跟村干部一起对这些问题进行逐一梳理，按照为群众办事的那五条指导思想，最终发现群众最急迫的是想要在浩坤屯那里修建一个操场，当作全村群众文体活动的场所，于是决定就先办这件事。

但是想要办成这件事，难度实在太大了。这个屯坐落在山上，根本找不到适合修建操场的地方。我就发动大家，群策群力提供可供选址的地方，每提到一个可能的地址，我就爬上去实地考察，好不容易找到了两个相对开阔的地方可供选址，但是一个地方离屯子太远，操场建在那里的话不可能有村民愿意去活动，另一个地方离屯子倒是很近，但却是污水处理池，把操场建在那里有很大的后患，实在划不来，所以最终全都被我否决了。最后只剩下炸山削平这个办法了，可是工程造价太高，上级根本不可能批准。

为了不辜负老百姓的期待，明知不可能也要全力争取。我一次又

刘栋明实地考察,记录村屯篮球场建设问题的思路。

一次地去找乡镇和县里的领导进行汇报和协调,尤其是对分管工程的副县长,更是反复说服做工作。为了赢得常务副县长的支持,趁着他有一回来村里开会的机会,我厚着脸皮把他硬拉上车,一起去山上实地选点,最后总算找到了一个地方,那里有一小块菜地,如果能把这块地方利用起来,只需要再炸一半的山就够了,能节省很大一部分工程预算。副县长说了,只要我有本事把这块菜地给征下来,他就同意建操场。

那个寨子在一个石山上,土地非常少,好不容易有块菜地,对老百姓来说太珍贵了。不仅如此,那上面还有其他几户人家的水柜、种的芭蕉、羊圈,甚至还有祖坟。要想炸山修操场,这些东西全都要迁走推掉,谁都知道在基层工作中，拆迁号称"天下第一难"，迁坟又是拆迁中最难的，这回是两样全都占全了。而且还不像其他拆迁那样，无法给被拆迁的老百姓另外找一个合适的地方做替换，不是我不想换，是真没有其他条件相似的地方了，真的就只能要求相关的村民有偿放弃，完成起来就更加困难，几乎都是一个不可能完成的任务。但是我没有退路，要想修成操场，这的确是唯一的、也是最后的机会，所以只能咬牙迎难而上了。

那块地分属五六户不同的村民，为了能顺利做通工作，我想了很多的办法。一方面是先把准备工作做充分，提前和村干部一起实地核查，搞清楚菜地、水柜、芭蕉、羊圈和祖坟都是哪家的，然后结合着各家的具体情况，带着拆迁补偿合同，一家一家上门有针对性地做动员说服工作，每天晚上都去；另一方面，我还充分利用了群众的力量，事先召集全寨人在一起开会，把为什么只能选址在这个地方、为什么只能占用这几户村民土地的理由，全都原原本本地分析给大家听，如果这个广场真是大家自己都想要的，那么请一起去帮忙做这几户的工作。

群众和群众自己去沟通，效果远比政府单独出面好，在寨子中几个德高望重的带头人的说服、动员下，相关的几户村民为了全寨子几百人的共同利益，先后签下了同意搬迁的协议。其中有一户村民，占地最大、人口最多，一开始说什么也不同意，我就重点做他们的工作，一次又一次地登门拜访，又拎酒又拎菜地说尽好话，还主动想办法帮他们家解决遇到的其他难题，好不容易才感动得对方松口同意，当场签下了搬迁协议。全村的人都很激动，在一起喝酒庆祝，并很快定下了一个开工的良辰吉日。我自己也是百感交集，不敢相信这么困难的事情竟然真的办成了。

操场很快建成了，是我们全村环境最好的地方，村民们非常喜欢，每天都去那里，一边打球、活动，一边欣赏美丽的湖景。

这个案例特别好，有很多值得总结的成功经验，一方面是你作为第一书记，在做事的过程中有足够的诚意和耐心，有不达目的不罢休的决心和毅力；但另一方面，整件事不是你在一厢情愿地自上而下推动，确确实实是出于老百姓自己的迫切需要，所以他们会自发地产生出巨大的能量，让你的工作取得事半功倍的好效果。

这以后我更加信服"群众工作五原则"，更加自觉地去引导群众发挥自己的积极性，不管推动什么工作，凡事都尽量让群众多参与。

刚开始做第一书记时，我曾经有过困惑，很多事情明明出发点是为了村民的利益着想，政府花了很多钱，也确实给他们带来很大的实惠，我们这些当第一书记的更是尽心尽责，一天到晚忙得要死，累得要命，但群众却总还是有各种不满意，不仅对政府的投入不领情、不买账，还要各种挑剔，找出各种细枝末节的差错。

我们村有一个屯，正中央原来是一个臭水沟，上面全是芦苇和杂草，臭气熏天，蚊虫遍地，环境特别差，我看着很痛心，就主动去找上级跑来了经费，要对这个地方进行好好的整治，在上面建一个小广场，改善村民的生活条件。可是我没想到，这么一件大好事，在修建的过程中遭到了无数的埋怨。有嫌我修广场的设计图不符合他们心愿的，有说给他家带来不便非让我按照他的要求重修的，还有人说刘书记盖得一点都不好，盖好了我们也不去的。其中有一户，按照操场的设计图，需要占用他家一点点的地，按理说操场建好后，他家的地理位置最受益，所有的文体设施他家用起来最方便，我原本以为这样的思想工作应该不难做。可没想到他就是不愿意，怨气特别大，操场建好了之后还对我有意见，说很不满意刘书记搞的这个东西。

这种事经历多了，难免会让我自己有点伤心和不解，怎么会是这样呢？

但是后来又发生了一件事，让我终于想明白了这其中的道理。

2019年6月的一天，大暴雨引起了山体塌方，把我们一个屯的饮水池给冲毁了，全屯村民的饮水问题都受到了影响。像这种情况，我完全可以按照流程把情况报上去，等待水利局这样的专业机构来制定修复方案，再由村里负责筹集工程款，找施工队来安排施工，但是这样做的效果不一定会好。一来工期需要时间，在这期间老百姓会因为吃水困难而产生各种不满情绪；二来众口难调，不管最终采取的修复方案有多专业多完善，工程质量有多好，在群众那里照样会有怨言；第三，我和村干部之前一起算过账，像这样一个工程，找任何工程队来，连工带料最少也要6万—7万元，村里的经费少，筹措起来会很困难，事后可能还会有群众议论，干部是不是在中间克扣了工程款中饱私囊。

为了不再吃力不讨好，这次我索性主动改变工作方式，换一种思路解决问题。

我对村民们说，这个饮水池是大家唯一的水源地，现在因为天灾造成了损毁，影响的是大家的生活，晚修好一天，问题就晚一天解决，所以不如靠咱们自己的力量来解决。像这种修复水池的工程并没有太大的技术难度，如果我来负责解决水泥、钢筋、黄沙这些工程所需要的材料和抽水机这样的设备，你们能不能自己出人出力去把水池修起来？这样的话，水池究竟怎样修复，建成什么样，建多大，你们全都可以按照自己的意愿来设计，也不用担心工程偷工减料，影响质量。村民们听了我的建议觉得可行，几个带头人过来给我表决心，说刘书记，你只要能把水泥钢筋这些原材料给我们拉来，修水池这事我们自己能干。

接下来的事情真的让我大开眼界，群众自发的力量太厉害了。第二天上午，我把水泥黄沙这些东西全部协调到位，当天下午整个工程就干起来了，一下子来了五六十人，上至70多岁的老奶奶，下至五六岁的小孩全都出来帮忙，氛围非常热烈。他们是给自己干活，解决的是自己的喝水问题，所以当然要家家都出人，人人都出力。就这样花了一个多月的时间，就把饮水池给修复了。最终我们只花了一部分材料费，比原先的预算减少了一大半，工程期间也不用另外费心去协调，很省心，而且群众自己还特别满意，事后不仅一点抱怨都没有，还特地来当面感谢我，说吃水不忘挖井人，这个水池能修得这么好，全要感谢刘书记，没有你的帮助，就没有我们这么好的水池。

我从这个事情中，得到了启发：做基层工作时，一定要让群众去动员群众，干任何事情都一定要让群众多参与，群众不参与的事情一般干不好，即使你干部干得再好，群众也不买账。他们的参与度越高，事情推进得就越顺利。

很多时候好事没做好，吃力不讨好，往往有一个重要的原因就是事先没有让群众多参与。

我自己在工作中特别注意这一点，除非是事关决策大局、政策性极强、必须严格按照政府意志主导的，其他一般性的事情我就放手让村民自己去主导。怎么干，谁来干，全按照他们自己的意愿来，我只负责引导他们的行为符合政策精神。这么做以后效果非常好，不仅群众的积极性高，动员起来不费事，而且就算事后发现有一些不完美之处，他们也没有怨言，不会说什么，吃力不讨好的现象反而更少了。

有个村，住的全都是瑶族，原来的基础条件差，环境卫生也不太好，

刘栋明开展"第一书记"夜话活动，倾听群众心声。

整个村显得破败杂乱，自治区领导在一次带队督查的过程中对此提出了批评。我特别想在自己的手中改变整个村子的面貌，就主动配合县领导的工作，对全村的改造做了一个详细的规划，打算全部的路都做硬化，包括每家每户门前的路；再对原有的养殖户，按照各种不同的种类，把养羊的、养猪的、养牛的全都进行重新规划布局，改善环境卫生；又给每家的门口规划了一个小菜园，方便大家的生活。

经过各方努力，最终为全村争取到了将近一百万元的资金投入，确保落实规划中的那些基础建设是足够了。但是，没有占地拆迁的补偿款，村民要无偿搬迁，尤其是其中有一条新建的环村主路，会占用很多家的耕地，只有把这些人的工作全都做通了，整个工程才能上马。

征地拆迁从来都是基层最难做的工作，现在还要老百姓同意无偿占用，听着简直像是异想天开。但是我决心用"让群众去动员群众、让群众多参与"这个法宝，来挑战一下这个"不可能完成的任务"。

我和村干部召集全村的群众开了好几次会，在会上把整个规划蓝图和图纸摆在所有群众的面前，把为什么要在村里修这条路，修好后能给村里带来什么样的好处和方便，我们花了多长时间向上级争取的资金，资金的来源和每一笔使用去向，以及为什么必须占这些地，这次的占地为什么不能给任何补偿的理由，全都一五一十地摊开来告诉大家，一切全都透明。我也把话说得非常清楚，这次修路是抓住了一个非常难得的政策机遇，一旦错过短时期内很难再有这样的机会。同时我还对未来全村的美好前景做出了承诺：只要把路修好，我保证再去想办法给全村都安装上路灯，亮化美化全村环境，到时候让全村都灯火通明，无比美丽，想要做的这一切不是我个人要博取政绩，完全是为了大家的自身利益，所以，到底要不要干请你们大家自己决定。

我把同意施工、同意无偿占地的合同贴在了公示墙上，上面有每一家的名字，谁同意就在后面摁手印，只有全村的人全都自愿摁了，我们才开工。同时，我也做了很多的铺垫和准备，这个村的队长家被占地最多，在开会之前我做通了他的思想工作，让他开完会后第一个上去表态，第一个摁手印，为了全村的利益，愿意无偿提供土地。这起到了特别好的带头示范作用，群众的热情被彻底地调动了起来，即使有几户老人一时想不通，可他们的儿子却主动找到我们，表示回家后一定说服父辈，实在说不通就自己代表全家来摁手印，一定不耽误工期。

很快，合同上摁满了家家户户的红手印，我们马上安排施工，所到之处没有一家出来找麻烦，全都平静地配合和接受，一个天大的难题就这样被顺利地解决了。

现在全村的道路硬化全部完成了，安装上了路灯，还按照规划修建了漂亮的活动场所，看上去很干净，很整洁。

路灯装好的那一天，全村人杀了一只羊在一起吃饭庆祝，还特意打电话一定叫我过去，说不管有什么事都必须要放下，一定要去他们村吃饭，他们杀了羊招待我。吃饭的时候全村的老百姓都来跟我喝酒，拉着我的手说感谢的话，说从来没想到他们这样的一个瑶族小寨子竟能变得这么漂亮。那天是7月7日，正好是我来广西参加工作七周年，那个场景让我非常感动，也非常难忘。

在给这个村修路的过程中还有个挺有意思的小插曲。当时我想临时调整一下原定的设计方案，在主路旁再修一条小的引路，让全村的人使用起来更加方便。我一开始是想把小路修成直的，觉得这样才是最优方案，而且只需占用一户人家的地，最经济。可是队长看见后却直摇头，说刘书记你千万别这样修，这家人肯定不会同意，到时候他会说，修路是大家走的，为什么只占我家的地？你最好把路修成弯的，把附近那几家的地全都占上一点，那样大家反而最没意见。我听了觉得还真有道理，就把设计图改成了弯的，让路从好几家人的地上穿过，每一家都占一点。结果大家真的就痛快地同意了，施工时还全都乐呵呵地在一旁看，谁也没怨言，也没人找我要补偿，这回吃饭的时候，还全都过来给我敬酒，夸我做事公平，有能力。

这就是群众的智慧，别说从学校中学不到，就是从前在机关时也是很难理解的，这本身就能说明你当初下基层的决心是多么正确和有意义。

干了将近三年的第一书记，最大的快乐是能亲手给群众的生活带来改变，带来他们想要的好日子，最大的收获是让我在这个过程中学到了很多工作方法和技巧。

现在大家对我们村的普遍评价是干部能力比较强，有责任心，面对老百姓的任何需求，不仅第一书记反应迅速，村干部也非常精干高效，保证第一时间做出反应，能自己解决的马上解决，解决不了的就交给我，我解决不了的再去找县领导，因此才能在很短的时间内做成了那么多的事，让老百姓比较满意。

但我刚来上任的时候情况可不是这样的。

浩坤村搞旅游开发后，有湿地管理局，又有旅游公司，工作岗位比较多，开船的、保洁的、保安的、开观光车的，很多是我们村的老百姓，每个月的收入能到两三千元，工作也没什么难度，把村里那些能干的年轻人全都招去了，这样一比就让村干部的心态不太平衡了，同样都是在浩坤村上班，那边上班能拿两千多，可在村里当干部工作量大，天天加班，入户调查，处理纠纷，事务又繁杂又得罪人，工资却才一千多，比那边低很多，时间一长就不安心，都想走。我刚上任没多久，就有两个村干部跑来向我辞职。本来村干部人就不多，全村就四五个人，现在一下子辞了一个副主任和一个委员，另外剩下的三个人，支部书记本来就是由一个乡干部兼任的，另一个委员自己是村里的养蚕大户，很忙，等于就只剩下了村主任一个干部，光是参加各种会就应付不来，所有村里的工作全都只能是我带着另外一个工作队员去干。我觉得这可不行，要干的工作这么多,还有很多的会要开,不能什么都只是我们两个干,必须抓紧把那些有能力、老百姓又信任的人选出来,重新充实村干部的力量。

我的办法是一个屯、一个屯地开群众动员大会收集意见,向群众发放空白调查表,让他们推荐村干部的人选,认为哪个人有为大家办事的能力,就填写他的名字,等于是搞了一次大范围的民意调查,回来后统计推荐表,把民意最高的几个人挑出来,再单独去做他们的动员工作,让他们答应出来当村干部。

虽然有了合适的村干部人选,他们也愿意出来干,但按照村民选举法的有关规定,村干部的产生必须经过换届选举产生,而新的换届要到2021年,实在等不了。这就要发挥我熟悉基层党建业务的特长了。村民选举法规定,凡是2000人以上的村,可以通过选举增配一名副主任,于是我就去查,如果我们浩坤村的村民人数超过2000,就能合法适用这条规则。虽然全村在册的人数只有1900多人,但是我了解到有一部分瑶族群众没有及时报户口,实际人数应该不止这些,于是那段时间,我最大的工作就是去村里做工作,了解到底还有多少人没上户口,动员他们赶紧去派出所上户口,同时给派出所所长打电话,请求他们积极配合这方面的工作,这样用了半个多月的时间,全村人口合计2002人。

我拿到派出所的证明后,写了一堆材料报上去,把我们村的实际情况、意向人选、群众推荐的情况,全部作为附件附在后面,去找县委组织部和民政局,要求按照法律规定给我们村增配一名副主任。因为我的理由充分,不仅符合法律规定,也没有突破相应的政策规定,加上我一次次地去找市委组织部和市民政局沟通,最终拿到了批文,同意给我们浩坤村增配一名村委会副主任,按照村民选举法的有关规定组织选举,这样连同增补两个辞职的,等于一下子选了三个人。

按照选举法规定，选举的整个过程要走两个月，要进行选民登记、公示选举日，对选举人的身份进行核查，每个程序一点瑕疵不能有。我带着那几个候选人挨村挨户地走一遍，介绍他们的情况，给大家亮相，他们的条件都不错，年轻、见过世面、也懂产业，有外出务工回来的，有家里自己搞民宿的，还都是大中专以上的学历，群众对他们都比较满意。

到了选举那一天，所有的村干部和乡干部一起配合，拿着票箱去各个屯，全村450户，一家一户地上门让大家投票。老百姓白天都要干活，所以我们6点多就起床，7点就到老百姓家门口，一定要在8点之前让他们把选票全部填完，这样才不影响他们去正常干活。

经过集中的开票、唱票，三个候选人全都顺利高票当选，村委会的力量得到了加强。

这个办法真的很不错，既抓了脱贫攻坚，又发扬和完善了村民的民主自治，两全其美。

后来我又用同样的办法，给村里配备了一个得力的党支部书记。

过去的村支书是由一个乡干部兼任的，可他是常务副乡长，整天忙乡里的工作，没空忙村里的事。我就主动去找乡镇党委书记，希望别让他兼职了，给我们村配一个专职的书记，最终做通了书记和乡干部本人的工作。

为了找到最合适的支书人选，我想了很多办法，正好那时候县里面搞职业化竞聘，我去找县领导，要求把我们村的支部书记纳入全县的竞聘范围中，从全县参加竞聘的干部中招募合适的人选。这也算是一个小小的创新吧，全乡镇就我们浩坤村采取了这个办法，这样更有机会招募到高素质的人才。

竞聘过程挺严格的，先是公布竞聘简章，然后每一个竞聘干部都要经过三个环节，先要通过县里面统一的笔试和面试，再按照1∶3的比例，每一个岗位选出三个候选人，到村里面和大家见面，当面沟通，然后再由村里面的全体党员和群众代表不记名投票，最终选出党支部书记。

报我们村这个岗位的人特别多，有八九个人，要先通过县里的笔试面试，选出三个候选人。在"9进3"之前，我提前做了很多的工作，每一个报名的人，我都要来他们的简历，琢磨他们的优缺点，看谁更适合。我跟领导再三请求，我是第一书记，确定候选人之前请一定要考虑我的意见，我知道村里最需要什么样的人当支书，千万不能只看考试成绩，光成绩高不行。

最后选出的三个候选人素质都很高，一个是我们本村的扶贫专干，一个是百色市的干部，一个是县公安局的辅警。他们三个人全都来村里，当着有投票权的党员和群众代表进行竞聘演讲，内容是对我们村情况的看法，和未来工作的思路。他们讲完之后，还要由我和包村的乡镇干部对他们进行提问，每个候选人都要回答两三个问题，这一关对最后的投票结果影响非常大。本来那个扶贫专干的呼声最高，在三个人中就他是本村人，其他两个是外乡人，一般来说，投票选举本村的支部书记，肯定是本村人有优势，我问的问题是：如果村里因景区建设的需要，要你动员村民迁坟，他还是你的亲戚，可对方思想不通，不愿意迁，这时候你将怎么办？结果他回答说没办法，迁不了，这样的工作太难做了。一下子让全村的老百姓失了望。而相比之下，那个当辅警的小伙子在回答问题时就表现得出色很多，特别是在回答"对我们村的产业发展方面有哪些想法"时，说得特别好，结果投票时获得了最高票。

2019年7月1日建党纪念日那天，新的村支书来村里报到上班，正好前几天刚下了暴雨，村部前全都是从山上冲下的淤泥，有10来厘米深，都下不去脚。我交给他的第一个任务就是带着党员一起把淤泥清理干净，算是在全村人面前的正式亮相。新的支书一点都不含糊，二话不说就带着人整整干了一上午，浑身上下全都被汗水湿透，看着他的劲头，村里的党员和群众都交口称赞，说这个小伙子真不错，这个支书我们没选错。

刘栋明带领党员清理村部广场淤泥

就这样，我们等于是一下子把村两委班子彻底地换血，面貌焕然一新。我们重新选配了四个主要干部，一个支书、两个副主任和一个委员，彻底改变了过去软弱涣散的情况。这些人全都是大学生出身，素质高、能力强、积极性也高。他们都会熟练使用电脑，会做台账，还都会开车，不管是村里哪里有事，全都马上能赶到并可以当场解决问题，再不像从前什么事都是我和村主任两个人干了。

很多地方的村干部都面临人员老化，文化水平相对较低，与社会上新的知识体系对接困难等问题，可是在你们这里，绝对是新人新事新气象，让村集体的发展具备了一个必要的基础。

我们村的村干部平均年龄 35 岁，年龄层分布也平均，有 70 后、80 后，还有 90 后。学历有本科生、大专生，也有中专生。既有本乡人，又有外乡人，既有壮族，又有瑶族，总之各种结构分布比例都挺合适。

百色市在所属各乡镇开展"争创五旗"活动，就是在乡村振兴领域，对产业兴旺、生态宜居、治理有效、生活富裕、乡村文明等五个方面进行指标考核。村里每做好一方面的工作，通过了考核，就给这个村加一面红旗，同时支书和主任的津贴工资也得到提升，这也是对基层干部的奖励机制。我根据村里的实际情况，把争创的目标定在了乡村文明、产业兴旺和生态宜居等方面。为了拿到这些方面的红旗，我带头去了解相关方面的要求，然后结合实际情况，和村干部一起制定相应的工作计划，经常催促他们多参加一些宣讲活动，积极宣传我们村的形象，在产业兴旺方面，多搞一些有突出效果、带富致富能力强的项目，大力搞好乡村的环境卫生。

既然是生态宜居，最起码村里面要没有垃圾吧，如果到处都是污水，怎么能争创到这个红旗？我要求村干部首先自己要做表率，去每一户、每一个屯做宣传，制定相应的标准，让每一个人都知道这方面的要求，引导教育老百姓遵守这些规章制度，服从景区的管理，鼓励他们尽量多地参与乡村旅游产业，栽花种草，积极应聘和争取到更多的景区岗位，让产业覆盖到更多的人。

我们还给党员干部统一做了服装，每次搞活动都是党员带头，全是统一的服装。比如我们村搞清理垃圾，全体党员集体上街，一个队伍

刘栋明带领全村党员开展重温入党誓词活动

刘栋明指导发展乡村旅游产业，让村民们在家门口吃上"旅游饭"。

统一的服装，一道亮丽的风景线走过去，很自豪。

"争创五旗"这个活动在全百色市所属各乡镇竞争是很激烈的，仅我们凌云县就有110个村，到现在为止只有4个村有3面红旗，我们村是全乡镇唯一有三面红旗的村，所以我们村干部待遇也是整个乡镇最高的。

工作搞好了，群众生活水平提高了，村干部自身待遇也提高了，于是大家更愿意跟着我干，这就形成了良性循环。

你在村里搞扶贫工作，除了抓产业之外，还做了哪些方面的努力？

我们村产业扶贫工作是 3+1，第一是乡村旅游，这是主导的，其他还有种桑养蚕、种油茶和养猪。

除了物质方面的发展，精神文明的建设也是乡村振兴的重要内容。

我们这里的少数民族村民以往对教育的重视程度是不够的，为了提高和改善这一点，我们也想了一些办法。给贫困生发奖学金是比较常规的手段，以前我们都是直接发给成绩好的孩子，但是后来我发现效果不太好，有的钱被花到了别处，没有用到孩子身上。后来我索性换成把奖金发给家长，我每年搞活动，在全村大会上发奖金，让获奖的家长上台领奖，在全村面前亮一亮。百家宴期间，我选出了 20 个成绩好的贫困生家长发奖学金，为的是让大家知道，以后只要谁家重视孩子教育，鼓励孩子读书，家里孩子成绩好，我就奖励这个家长。我希望借此形成一种导向，让大家都觉得孩子念书好光荣，重视教育光荣。

我还组织我们村的学生每年搞一次外出活动，走出大山看世界，为孩子们开阔眼界。去年我们选了 22 名学生，带他们走出去，到大城市坐坐地铁，到海边看看大海。我们单位是我们村的对口扶贫单位，部里给我们村这些孩子买了蛋糕，请孩子们看电影，我还带他们看了展览，联系了我们广西最好的高校广西大学，带孩子们去大学里看，请教授给他们上物理化学之类的基础课程，讲一些物理现象，参观一些动植物标本，还在大学食堂里吃饭。许多孩子跟我说，他们以后也要上大学。

我设立了教育基金，把奖学金和带孩子出山变成常态化活动，希望以此影响全村的孩子。这对浩坤村是长远的事。

刘栋明带领浩坤村学生走出大山,到湖南大学岳麓书院参观学习。

精神文明建设也包括加强各种正面导向。

去年我还搞了"百家宴",全村人同吃一顿饭,同唱一首歌。全村五六百人聚在一起,每人拿个小红旗,穿着同样的衣服,衣服上写着标语,大家同唱一首《红旗飘飘》《我和我的祖国》,开心得不得了……

我告诉大家为什么要发统一的衣服?因为我们村是旅游景区,游客众多。我们只要穿着这种统一的衣服,游客就知道你是本村人。哪怕只要在人家问路的时候热情地帮人家指一下路,想买水的告诉人家哪有小卖店,诸如这些简单的事情,都代表着我们的形象,一言一行、一举一动直接影响着游客对我们村的印象。每个浩坤村民都是浩坤的形象代言人。

刘栋明向新疆籍游客解说浩坤湖　　刘栋明在新冠肺炎疫情期间开展直播带货活动

❖　❖　❖

"让每个浩坤人都成为浩坤的形象代言人",刘栋明在这方面身体力行。这个瘦瘦高高、白白净净的帅哥,为了宣传搞好当地旅游开发,帮助村民脱贫,经常做各种宣传活动,成了浩坤湖的"导游",谁来了他都带着去转一圈,津津乐道地一通宣讲。因为颜值高,又能说会道,关键是全情投入,很快让浩坤湖在更大的范围内获得了好名声。2020年8月起,全国收视率第一的湖南卫视推出了一个综艺节目《青春大地》,在每个周末的黄金时段播出,每期讲述一位年轻扶贫干部带领扶贫村庄脱贫致富的故事,演绎扶贫干部坚持不懈、感人肺腑的扶贫故事。刘栋明和他的浩坤村就被选中,由深受观众欢迎的青年演员杨玏出演原型人物。刘栋明这下彻底"网红"了,成了浩坤湖名副其实的形象代言人!

韩 潇

选择基层就要选择担当

韩潇，1988年出生，黑龙江人，中共党员，硕士，2013年毕业于武汉大学水利工程学院，报考广西定向选调生后主动下基层工作，任职多个管理岗位，现任来宾市农业农村局副局长。

看你的简历挺有意思，人生轨迹在一路向南：自幼生长在最北的省份，上大学南下两千多公里去了武汉大学，毕业后又继续往南一千多公里来到南部边陲广西，这是早就规划好的？

这其实有一定的偶然性。毕业前从来没有来过广西，除了知道这个地名外，再没有其他更多的了解。2013年研究生毕业前原本想回老家工作，也有这方面的机会。武汉大学的水利专业很好，黑龙江和辽宁的水利厅来学校专向招人，两个地方都要我。但因为有一个关系很好的师兄，前一年当选调生去了百色工作，总是跟我说广西那边如何好，如何需要我们这样的人，领导又是如何重视，他们这些刚毕业的小年轻都能得到自治区党委书记的亲自接见……总之就是广阔天地大有作为的意思。刚毕业的年轻人都是踌躇满志、跃跃欲试的，我在学校时一直当学生干部，是院学生会的秘书长，同时也是系党支部书记，本来就对行政管理方面的工作很有兴趣，现在听说有一个地方不仅可以提供施展拳脚的空间和相对重视的政策，而且已经有好几百名清华、北大的同学都去了，大门正在向更多985高校的同学敞开。可以有机会认识这么多优秀的人，大家在一起并肩奋战，当然觉得挺心动的，就果断报了名。

面试通过后，我告诉了父母，和他们商量，但是他们一开始坚决不同意，特别是我妈妈很舍不得我。父母对广西很陌生，认为我是独子，老家又不是找不到工作，何必要去那么远，想回趟家都不方便，得从南到北穿越整个中国，省水利厅这么好的工作多难得，哪能说放弃就真放弃了。可是我对广西壮族自治区党委组织部的领导在宣讲时说的一段话印象太深刻了："错过了30年前的深圳不怪你们，因为你们那时候还没出生；但如果错过了今天的广西，那就是你们的责任了。"摆在眼前的是如此广阔的天地，怎么能不让我热血沸腾，浑身上下充满了一股子冲动，就想去广西好好闯一闯。

就算你铁了心想去广西，也完全可以要求去自治区水利厅这样专业对口的单位，为什么一定要去来宾的基层单位工作呢？

去基层是我自己主动申请的。原本确实可以申请去省直机关的，但填报志愿前，在百色工作的那个师兄告诉我去基层工作施展的空间更大，同时作为一个纯粹的外地人，如果直接去基层工作和生活，经过一段时间的体验和磨砺，能更好更快地了解广西，尽快克服各种不适应，真正地融入当地的文化中。这番话对我产生了很大的影响。我从小在城市里长大，完全不了解乡镇生活，很天真懵懂，反正年轻就是资本，没有不敢闯的路。

我面试时其实说的是想去百色的乡镇工作。我之前没来过广西，根本没有地理概念，只知道师兄在百色，所以就报了那里。但是后来组织上把我分到了来宾，那里地处桂中，地势相对平坦，更适合搞高效农业，虽然雨量挺大但存不住水，经常有旱情，所以国家投巨资在那里搞了一个综合性的大型水利枢纽项目叫"桂中治旱"，当地特别缺乏水利方面的人才，尤其是兴宾区，所以组织部部长把我的档案要了过去，认为去那里工作跟我专业对口，能让我发挥专长。

我是分配到兴宾区工作的第一个定向选调生，领导很重视，我去报到的那天，兴宾区水利局的党组书记亲自去机场接我。我被分配到水利局下面的水利工程管理站工作，简称"工管站"，是专门管水利工程项目的部门。水利系统最常见的项目就是水库建大坝，或者是水库大坝的除险加固，工管站接触最多的也就是这样的项目。

刚开始时，我对这个新的环境并不太适应。

首先是在生活上。水利局没有宿舍，报到后组织上先安排我住了一个星期的宾馆，我利用这段时间在离单位不远的地方找了一处居民的自建房，500块一个月，大约二三十平方米。吃饭也要自己解决。因为刚工作，收入有限，不敢总去外边饭馆吃，主要在家里自己做。租的房子虽说有厨房，但是不在房间里，要穿过楼梯口去另一边，相当于公共空间，用起来很不方便，只好整天凑合，顿顿吃面条，半年后回老家过春节时整整瘦了15斤，我妈看了很心疼。

更大的苦恼是听不懂当地话。来宾人讲的是"桂柳话"，算西南官话的一种。四川或贵州人也许还能听懂，但我这个东北人听当地人说带口音的普通话都费劲，听"桂柳话"就更加蒙圈，根本不懂。原来在学校的时候我一直当学生干部，挺外向的，很愿意跟人打交道，可刚来到这里的时候却心有余而力不足，尤其是跟着同事下乡的时候，看他们跟那些支书主任说这说那，我却听不懂，不知道怎么交流好。

尽管遇到了一些不如意，但你最终还是顺利地坚持下来了。

回想一下，主要原因应该有两个。

一是工作开展得比较顺利。我是工管站的第一个研究生，站长对我很重视，当时让我分管的是一些改善农村饮水的"人饮工程"项目，选址打井，铺设输水管道，再把水抽到山上，是扶贫工作中一个重要的环节。我学的就是这个专业，在整个过程中跟得比较紧，跟施工人员一起下村，随时解决一些具体问题。比如在高位水池选点时，我就跟着他们一起爬山，到了后来他们工程施工到一定程度需要请款时，我也去实地检查，水池是否已经按照要求做好，泵机是否装好。

在参与项目的过程中，我也实地了解到了一些乡村贫困的状况。记得有一个项目是要解决一个贫困乡村小学的饮水问题。那个地方的条件太艰苦了，很偏很穷，当地话叫"很弄"。给我印象最深的是那个行政村一共有7个自然村，可是村干部在介绍情况时只说了6个，再问，才知道原来第7个已经一个人都没有了。有一天中午我们去看水池的选点现场，走到半途，车陷在坑里出不来，去附近村里找人帮忙推车，全村竟然只有一个男人，好多房子都是空的，没有人住。

我的工作能让这些人的生活发生改变，这让我看到了坚持下去的意义。

另外还有一点也特别特别重要，就是在工作过程中寻找到了一些正向的能力，帮助我坚定信念不忘初心，努力克服适应期的一些困难。

每一个定向选调生参加工作不久，照例都会有一次集中培训，不管我们分到哪里工作，到时候都要集中到南宁参加培训。我们那次培训是自治区党委书记彭清华来给我们讲话，还跟我们一起吃饭。那次我作为武大的代表当选为班委，被选到主桌上和彭书记一起用餐，这个无比难得的机会给了我极大的激励。

当年十月，我接到自治区党委组织部的通知，让我作为定向选调生的代表回武汉大学协助招募新一届的选调生。那次活动由自治区党委

韩潇在选调生座谈会上发言

组织部的周部长亲自带队宣讲，武汉大学的书记、校长也一同参加。这次活动让我不仅能有机会和母校的领导直接交谈，还作为"优秀校友"受到我尊敬的师长们的鼓励，我觉得特别荣幸，更感觉到广西对我们这些定向选调生的重视和关心是实实在在的，当初坚持来广西的决定是正确的。虽然我人在基层，但只要努力工作，不仅能让当地老百姓生活得到改善，也会让自己有实在的收获。

可能就是有了这一切，才让我克服了工作前半年遇到的种种不顺利，没有动摇当初选择下基层的决心，顺利地度过了适应期。

在努力工作的同时，你还在生活上做了许多的尝试和努力，想方设法让自己融入当地社会？

是的。第一是努力让自己适应并喜欢当地的饮食。

广西这边的人都特别喜欢吃酸笋，他们每天的生活都离不开它。刚开始我特别不习惯，闻到那股味儿我都受不了，别说让我吃了，可躲又躲不开，到哪里都是那种浓浓的酸笋味。

选择基层就要选择担当　191

怎么办呢？我要在这个地方生活下去，就要适应这里的饮食。我就说服自己坚持尝试，还别说，这东西吃着吃着就能吃了。我已经在这里已经生活有七八年了，不仅习惯了吃酸笋，还上瘾了，几天不吃还很想念，没有不行。

我还下决心一定要学会当地的"桂柳话"，在这方面下了很大的功夫。我想上大学学外语都能拿高分，咱自己的中国话，还能学不会？

我想了很多的办法，基本都是当年学外语的套路招式。一种是"注音标"：我搜集了很多的学习资料，用本子抄了其中的一些重点内容，找办公室的同事教我用柳州话怎么读，我逐字逐句注上音，回去后一个字一个字练习。一种是"练听力"：我下载了一个用柳州话说故事的节目——"柳州讲古"反复听。还有一种是"学语法"：我在网上搜到一些总结柳州话和普通话区别的规律，什么时候四声转一声，什么时候一声转二声，包括一些基本的常用词。有一次意外发现周星驰的电影《功夫》，竟然有用柳州话配音的版本，下面有普通话的字幕，我如获至宝，就拿这些当教材对着反复听，反复看……

坚持练了一段时间后，我有了一些信心，开始有意识地时不时在同事们面前冒几句"桂柳话"，他们听了表现得特惊讶，开始我内心还有点小得意，以为他们是惊讶于我说得好。后来才知道，恰恰相反，他们是惊讶我怎么可以把"桂柳话"说得这么难听。但这反而激励我，不管别人的态度如何，我就是坚持说，坚持练，把它当成一种向大家靠拢、融入当地的自我实践。

坚持一段时间之后，慢慢地收到了成效，不仅一些日常用语没问题了、熟练了，别人听起来也没那么糟糕了。而且到后来，竟然有人说我有桂林口音，问我是不是桂林人。原来，桂林那边因为游客多，当地的方言里融入了很多普通话的音调，更接近普通话，而我则是在普通话里加进了很多"桂柳话"的成分，原本的"夹生话"竟然误打误撞地靠近了桂林话，让人误以为我是"桂林腔"。

就是在这样的过程里面，我慢慢地融入了当地生活。

那接下来，你应该得到了很多的锻炼机会。

确实。2014年春节后，我的工作任务就加重了，上级信任我，让我更多地负责水库项目。

我们水利局的主要工作之一就是进行老水库的除险加固。

新中国成立以后，我们国家曾经大力提倡兴修水利，修建了很多的水库。那种老水库主要都是土坝，后来经过发展，才过渡到了三峡那种混凝土的堤坝。现在那些老水库都几十年了，土坝年久失修，存在不少风险。

我们的除险加固项目主要就是要把原先的老土坝加固，在迎水坡上做上混凝土，在背水坡上种植草木，还有重新疏通和建造一些放水的涵管，修修溢洪道、排洪道等。这些都属于工程建设项目，让我抓项目就是作为业主代表，具体负责其中的几个项目，主要和项目工程的设计方、施工方、监理方等参建单位打交道，协调处理施工中的各种问题，遇到设计变更和相关技术难题，还要及时打报告上报上级主管单位。

那段时间我整天接触的就是这一套工作，算是和我大学的专业契合上了。这些事情主要考验的是认真负责的态度。虽然不用天天去施工现场，但必须时时关注，一些重要的时间节点更是必须把握住，要及时验证、签字，一旦抽检不合格，必须要求有关方面及时返工。

做工程最怕遇到偷工减料的问题，尤其是这种水库大坝工程，是关系到国计民生、关系到群众生命财产安全的要紧事，半点马虎不得。所以作为业主代表，我必须要有底线思维，牢牢把底线守住，尤其是一些核心的质量关卡更是必须把握好。比如涵管，那是关键环节，要是涵管没有弄好，到时候崩了，能把整个大坝给搞塌了，那可不是闹着玩的。

有时候施工过程中遇到和当地村民的矛盾纠葛了，我们也要负责和村里面进行协调。施工中有时候情况复杂变化，经常会有一些设计变更和调整，遇到这种情况，我们也要牵头解决，包括和监理方进行协调……

我在参与这些项目的过程中遇到了很多事，也学到了很多东西。

2014年10月，工管站原来的老站长退休了，局里面决定由我接任站长。工管站是水利局里的第一大部门，掌管着全局最核心的业务，整个工管站有22个正式编制，在岗人员14人，我最年轻，不到26岁，就当了站里的一把手。说实话，我挺意外的。我特别感谢组织上对我的培养和关心，特别感谢组织能这么信任我，给我这样的机会。这些年国家经济形势向好，广西也逐渐加大发展力度，方方面面都在渴求人才，客观上为我们这些定向选调生的进步和成长提供了难得的机遇和空间。我就是在这样的发展时机和时间节点上成了幸运者。

看来在水利系统的这段工作经历，在你顺利融入社会、融入来宾、融入广西的过程中起到了很大的作用，后来不管组织上把你放在什么岗位上任职，承担什么任务，你都游刃有余。

2015年4月，我被调去了兴宾区的桥头镇，挂职党委副书记。

桥头镇离市区不远，规模不算大，但亮点很多。2015年春节前后，还有中央领导来镇上视察过。这里基层工作搞得好，有很多拿得出手的成果。

我负责分管生态乡村和水利。当时广西在大力搞"美丽乡村"活动，是广西实施的重要战略之一，规模和声势都很大，所以建设生态乡村是基层的一个重要任务。我们桥头镇是一个交通要道，是去往其他县市的必经之路，所以对卫生的要求就更严。我作为分管的乡镇领导，时常要带着沿线的村干部上街捡垃圾。那时候我去哪儿都带着个长把的小钳子，就是预备捡垃圾用的，开着车到处巡视检查，有时候天天待在村里，直接在第一线做村民的工作。

我在桥头镇挂职了半年多，在清洁乡村和美丽乡村方面的工作取得了些成绩，得到了上级的认可。这时候区里共青团的领导需要调整岗位，组织上决定把我调去区团委，任职副书记，主持日常工作。这样，我就结束了短暂的挂职，工作关系又转到了区团委。

区县一级共青团的主要工作是以宣传为主，跟学校沟通比较多，主要针对学校的少先队建设、中学共青团的建设等。另一个方面的主要工作就是预防青少年违法犯罪，要和检察院的相关部门一起共同去做这方面的宣传，包括下乡去做司法宣传，组织律师等法制专家进课堂。第三个方面就是在青年中开展党建活动。共青团一年中最重要的工作就是每年的"五四青年节"活动，团委往往要围绕着这个时间节点精心组织一系列的活动。

区共青团的人非常少，标准配置是5个人。我刚上任就赶上机关改革以及下派第一书记扶贫，于是在很长的时间里，团委所有的工作都是我带着另外一个同志来完成，就我们两个人唱"二人转"。

2016年五四青年节，我组织了到团委后的第一个大活动，搞了诗歌朗诵比赛，请了各部门的相关领导参加，又和区党委组织部联合搞了一个座谈会，请来了一些创业有为的青年作为新时代的青年典型，和大家分享创业体会。

第二年五四青年节，我搞了到区团委后的第一个大活动，年轻人很踊跃，有将近5万人参加，被公认是近几年最成功的五四活动之一。为了增加活动的规模和影响，我们还搞了一些招商活动，通过社会力量解决经费少的问题。我们在活动场地设置赞助企业的品牌广告，同时还围绕着五四这一主题，把其他一些捐赠捐款、保护少年儿童的合法权益、扶贫送书包什么的各种活动全都串联在了一起，整个活动搞得非常热闹，效果很好。

其他就是一些日常的工作了，主要就是根据上级团委的要求组织学习，青年联系青年，宣传我们本地的青年典型；我们还和市里的青年志愿者协会合作，从东北师大等大学找了一些大学生，利用暑期来支教当老师；我们还用视频的形式，找了一些分享嘉宾，例如分享做飞行员的感受、潜水的感受，帮大山里的孩子们开阔眼界，了解外边的世界……

你是什么时候开始做乡镇长工作的？

2017年8月，我被任命为良江镇的党委副书记，提名镇长。按照规定，镇长是需要经过乡镇人大代表会议选举产生的，所以我那时候只是提名，要等到选举通过后，我才能正式成为良江镇的镇长。

良江镇有6万多人，离市区又比较近，情况很复杂。

韩潇帮助贫困户剥玉米

乡（镇）和村两级基层单位是党和政府联系人民群众的重要窗口和关键纽带，各项工作都同人民群众的生产生活息息相关。从某种意义上说，乡村两级汇聚了不少社会矛盾，也汇集了众多百姓的呼声，国家政策各种承上启下的任务也要在这里落实和完成。作为基层干部能否及时解决遇到的问题，不仅关系到上级方针政策的落地，也关系到广大人民群众的切身利益。我深深感到这项工作的艰难和责任重大。

当时我只有28岁，当地很多干部都觉得我这么年轻，又是外地人，对我能不能胜任这项工作，他们心里是打问号的。但是，通过对一次突发性群体事件的处理，我成功地改变了大家的看法。

那时我刚来良江不到一个月,还没到选举的时候。有一天,我正带着人在底下村里工作,为了全力推广甘蔗的"双高"项目,搞土地平整。突然接到报警,有两个村的村民发生了大规模纠纷,我立即赶过去处理。

后来才了解到,有个企业在其中一个村租赁了一块土地搞养猪项目,已经投入很多建设基础设施。可邻村的村民对那块地的权属有争议,而租地的费用已经给了出租的村,邻村就不干了,就聚众前来阻挠施工。

我赶到的时候现场已经聚集了上百村民,双方情绪激动地吵作一团。镇上派出所也派来了警力,但寥寥数名警察面对上百人的纷乱场面也显得无比单薄,一旦闹起来根本控制不住。

当时我刚到镇上工作没多久,还没全面了解情况,不知道他们到底为什么起争执,更谈不上找到解决问题的思路。我深知做基层工作必须敢于担当,不能怕引火烧身,更不能怕招致非议而逃避和不作为。眼看着现场的群众言行举止越来越过激,为了防止事态失控,我当即挺身而出,大声高喊亮明身份:"我是镇长,现在全权负责处理这件事,村民们有任何要求都冲我来讲理,我负责主持公道,解决问题。"这么一喊,村民们立刻上来把我围住,一时间我被各种说理的声音淹没了……

因为我是新来的,大家都不认识,混乱中还有人喊我是假冒的镇长。但是这些我全都不畏惧,我站到一个高处,让现场所有人都看得到我,话也说得越发大声有力。我要让大家知道,现场有能做主的主事,平稳他们的情绪,同时抓紧时间迅速了解清楚争执的原委。

这时候,我之前学会的当地话就发挥了作用,让我能不跟言行激烈的人过多纠缠,而是通过观察,从村民中识别出哪些人年龄大一点,讲话相对客观公正,然后主动往他们身前凑,向他们了解情况。

搞清楚争执的缘由后，我让两村分别推举代表来一同商议该怎么解决，同时大声宣布了几条原则：大家派代表来跟我谈条件，由我负责来协调完成对这块地的确权定界；在问题解决之前，不允许任何人继续冲击施工现场，将来不管把这块地的归属确权给了谁，发生这种破坏基础设施、破坏公共场所的行为，法律绝不轻饶。

不知道是不是我的自信和坚定显示出了足够的权威性，反正那天我就把那个混乱的场面给镇住了，成功地把事态平息了下来。我说服了大家先搁置诉求，各回各家，对确权定界的事从长计议。

其实事后想想我也有些紧张。当时剑拔弩张的场面一个不留神就会升级，我个人的安危倒还是其次，代表乡政府说话，要字字慎重，下面群众都听着看着呢，不能给组织抹黑。但当时我别无选择，根本没有多想，也不怕。一来我没有其他办法，必须站出来让大家看到现场有主管领导出面主事，这样有助于控制局势；二来我有底气，我是刚外派来的，和当地以往的恩恩怨怨没有关系，为官廉洁，我自信有能力压住场子；三来当时现场确实是我的职务最高，如果有人站出来的话，也只能是我，不冲也不行。

没想到这么一冲，竟然让我这个提名待选的镇长一下子名声大噪，干部和群众变得对我非常服气，说我能力强、敢讲话、敢担当。在不久后的镇长选举中，我全票当选。

在基层工作会经常遇到和处理无数的棘手问题，其中的方法和智慧绝不是仅靠书本能学到的。以你的体会，如何才能从一个"学生兵"迅速成长为一个相对成熟的领导干部呢？

没有什么捷径，就是要在任务面前勇于承担，在生活中善于学习，在实践中反复磨炼。

在基层做乡镇长和乡镇书记，某种意义上讲，就好像时刻坐在一个火山口上。工作真的非常不容易！很多时候一定要有自己的判断和工作技巧，否则容易酿成新的事端。绝对不要激化矛盾，再出了新的意外谁也不愿意看到。

中国的政府被赋予了"全职全能"的前提定位，老百姓遇到什么事情都找政府解决，找了我们就要管，有时候明知道不属于自己的职权范围，但我们是属地管理，凡是在属地发生的事情我们都有不可推卸的责任，不管多么难处理的纠纷，硬着头皮也要去处理。

我刚开始到乡镇工作的时候，对这种事很想不通，觉得好不公平啊！但工作了几年之后，我倒反而看清楚了。从另一个角度来讲，老百姓习惯凡事都找政府，说明他们信任政府、依赖政府，换言之，我们这些基层的地方政府官员身上也承载着责任和使命。至于难处，谁没个难处？这就是在政府部门工作应有的担当，谈不上什么公平不公平。

我是"学生兵"出身，但是我觉得当初选择到基层来是正确的，让我有了这些不可替代的机会锻炼、学习和成长。基层工作让我考虑问题的角度更全面，心理承受能力更强，更加认识到基层工作经历的重要性。

基层工作经历确实能全方位的锻炼一个人的能力，至少跟在机关工作的体验完全不同。比如我们考虑问题的角度就不一样，机关的人可能更多会从文件要求的角度去思考应该怎么做。但在基层工作的人首先会分主次，区分哪些是主要矛盾，哪些是次要矛盾，抓住主要矛盾全力加以解决。

基层工作就是专门处理各种"急难险重"的，扶贫工作无疑就是那个"重"了。

我所在的乡镇因为离城区比较近，经济条件还算不错，贫困的问题不是很严重，全镇的贫困发生率在8%左右，比例不算特别大。我们扶贫工作的重点，放在了对"精准"的落实上，压实帮扶责任人。

衡量扶贫工作主要看两个层面，即贫困村的脱贫和贫困户的脱贫。贫困村的脱贫标准是"十一有一低于"，贫困户的脱贫标准是"八有一超"，这些都是对总书记提出的"两不愁三保障"要求的具体落实。

我们乡镇主要领导最主要的任务，就是要把这些指标层层分解到具体的工作中，压实责任，落实到具体负责的干部，然后还要及时发现和解决工作落实中遇到的难点，将好的政策转化为老百姓的实际所得。总结起来就是四句话：分解责任，压实责任，亲自协调，反复督查。

我在良江当镇长时，全镇扶贫的工作重点和难点就是"住房保障"。于是我就专门加大这方面工作的督促和协调力度。首先是全面掌握全镇所有"保障住房"的户数，带着具体负责这方面工作的同志，一户一户地分析他们的住房没有解决的具体原因和问题在哪里，卡在什么具体节点上，把困难进行精准的拆分，然后精准发力，找到解决的办法，再压实到具体的责任人身上。

扶贫工作中最难做的工作非易地搬迁莫属了。

我曾经遇到一个棘手的事。当时有一个贫困户，是两个老人，按照脱贫的标准来说他们已经可以脱贫了，但是在检查中我们却发现，他们实际住的房子其实并不好，已经算危房了。这个房子是他们当年花钱在郊区买的地皮自己建造的，不在户籍所在地，所以不能享受危房改造的政策。虽然如此，我们也不能让他们再住在那里，一旦出了事故可是人命关天。

我们做了很多工作，按政策给他们找了新家，希望把他们搬迁出来，但是老人就是怎么都不愿意配合。那房子确实不行了，遇上个大风大雨的极端天气，随时有可能出危险。最后我们没办法了，只好连哄带骗地把两个老人哄上车去女儿家，先斩后奏地把危房拆了，事后二老虽然生气，但也想通了我们是为了他们好，搬入了新家。

易地搬迁，难的是不光要说服老百姓搬出来，更要在新的搬迁点帮他们找到新的就业岗位。

对于没有任何产业的贫困户，我们想了很多办法，带他们出去参观。参观的时候看到别人种植一种叫天冬的农作物有前景，就给他们免费发放一些秧苗帮助他们做。我们镇有个"全国脱贫攻坚奖"的候选人，原来是农业厅的干部，退休后回家带领大家种葡萄，在进行葡萄品种改良时遇到经费困难，我们听说后就想方设法，主动帮他找了5万块钱，解决他的燃眉之急。

还有一个贫困户，本人有残疾，儿子和他有矛盾，不怎么管他。他家的房子漏水了，按理说这事不归我们管，我们也没有这方面的专项资金。但是我们听说了之后，还是主动去了解情况，然后协调相关的后援单位，给他捐助了1万块钱进行维修，及时解决了房屋的漏水问题。

我们是全心全意为人民服务的，不管群众有什么要求，什么困难，只要找到政府，只要这些要求有合理性，只要这些事情对群众有好处，我们就积极主动地帮他们去达成心愿。

我 2017 年刚来上任时，全镇共有 837 户贫困户，3000 多人；到 2019 年我调任五山镇任党委书记时，良江镇已经脱贫近 800 户。

去五山镇当镇委书记，这下你的责任就更重了。书记和镇长在具体工作和思考上会有哪些不同呢？

当镇长和书记各有侧重，形象点说，镇长主要管事，书记主要管人。镇长侧重实践能力，而书记是全面负责的。一旦当了书记，则更多锻炼和考验决断能力、协调能力、团结干部能力和到处化缘能力，工作中遇到了委屈得自己想办法化解，承受压力能力要进一步增强，一个人必须更加成熟才行。

作为一个乡镇主要领导，在扶贫工作上最需要做的就是如何发展集体经济，把扶贫产业发展起来，把尽量多的贫困户涵盖在其中。有了好的产业，才能既帮助这些贫困户如期脱贫，又在脱贫后确保他们不返贫。

在良江镇，那里的群众原本就有种辣椒的传统，我们就在扩大产品销量上多想办法，让辣椒的销路更加稳定。到了五山镇后，我带领大家搞特色养殖，养殖小龙虾，引进了一家龙头企业，是中科院一个院士的工作站。

2019 年一上任，我就带着村委干部去湖北荆州监利县参观，那里光水稻养殖小龙虾达到 100 多万亩，规模全国第一，非常大。回来后，我们做了细致的分析，主要分析了我们的劣势和困难。我们发展小龙虾养殖，是当扶贫产业来做的，根本的思路是想尽量多地带动贫困户，让他们有稳定高产的产业收入。尽管我很看好这个扶贫产业，非常想把它

韩潇参观特色农业示范基地

尽快地做大，但是我很理性，仔细地分析这个产业的状况后，决定还是要慢慢来，先扶持一些真正懂技术的人把这个事做好，再设法扩大不迟。

新官上任，我也很想迅速推广养殖小龙虾的模式，打造亮点。但静下心来考察分析后，我却宁可慢一点，等更有把握时再扩大。我打造扶贫产业，不是要"绣金匾"，我是想要寻找真正带动更多贫困户的产业模式，给他们带来实实在在的收益。

现在我们的小龙虾养殖已经初具规模，我们打算举办一次"小龙

韩潇调研沃柑长势和产量

虾稻鱼丰收节",进一步扩大它的品牌效应。丰收节上我们准备搞一系列的活动：请市里的艺术团来搭舞台做演出；请烹饪大师，当场展示小龙虾不同的烹饪方式；设置专区，集中展示兴宾区的其他特色农业产品。我们不仅要把附近市区乡镇的人请过来，还想把自治区相关负责的同志也请来。我们请大家看节目，参观养殖基地，再一起吃个丰收宴，好好宣传一下我们五山镇……

数年的磨炼，已经让韩潇成长为一个优秀的基层干部，是数万群众的"当家人"，无论在工作和家庭中都是当之无愧的中流砥柱。面对困难事情时义无反顾挺身而出的勇气和果敢，就是他成长的底色，在社会责任面前显露出的坚定和担当，更是令人肃然起敬。

　　2020年春节前夕，韩潇的父母听说儿媳怀孕了，欢天喜地地来到来宾，一家人正其乐融融的时候，新冠肺炎疫情全面暴发了。

　　大年初二韩潇就到了镇上，指挥布置防疫工作，手下干部全员到岗。一手详细摸排掌握来自疫区人员的情况，做到对重点人物有效管控；一手动员组织在全镇范围内加大管控，最大限度地阻绝疫情的扩散。遇到有发热的还要指挥安置隔离……

　　韩潇领着党员和干部一直冲在防疫一线，他动员大家说，到了这个时候没有什么挑肥拣瘦的，也不要提什么辛苦不辛苦。形势就这么个形势，谁不累？谁都累，但生命至上，我们是人民公仆，为了大家的安危就要带这个头，确保疑似人员居家隔离，就要做通人家的工作，就要给人家送菜送肉……

　　那段时间，韩潇顶着巨大压力。作为镇上的"一把手"，他守土有责，必须全力以赴。但是他每天行走在乡镇各处，接触四面八方的人，真不确定自己会不会沾染到病毒，为了最大限度地保护家人，他一直不敢回家。

　　韩潇的爱人是医务工作者，即使怀孕也依然工作在第一线。她怕工作时沾染到病毒，为了保护韩潇父母，也不敢回家，而是单独住在旅馆。

小夫妻互不见面，每天都是靠电话联络。

韩潇说："她自己倒没什么，就是担心万一怀孕的宝宝受到影响怎么办，电话里跟我哭。我知道她的担心和害怕，但我也知道她内心还是希望我支持她继续留在一线。所以我就叮嘱她一定注意安全，什么也别多想，挺过去就好了。如果万一挺不过去，那就到时候再说。"

所幸，有赖于韩潇和伙伴们的辛苦努力，也有赖于全镇民众在抗疫过程中的积极配合和自觉行动，他们上下齐心，终于顺利地度过了这前所未有的困难。

韩潇所在的五山镇没有因疫情死亡一个人，全来宾市也是零的纪录。

韩潇的妻子最终也安然无恙，母子平安。

刘 梅

"我有义务承担更大的责任"

刘梅，1987年出生，广西全州人，2013年毕业于清华大学生命科学研究院，硕士，中共党员，参加工作后不到半年，就下基层当了两年的扶贫干部，是所有定向选调生中第一个去贫困村当第一书记的女生。现为南宁市科学技术局高新技术科科长。

大家看你的简历一定很好奇，为什么参加工作才不到半年就下去当了扶贫的第一书记？

这要从我为什么会选择当定向选调生回广西工作说起。

我老家是全州农村的，从小拼命读书想要改变自己的命运，终于考进了清华，本科、硕士都学生物，完全可以在毕业后找一个专业对口的工作，至少经济收入上会好不少，也的确曾经和江苏的一家大型医药企业有了就业意向，但最终还是选择了当选调生回广西。因为这么多年来老师一直教育我们，既然进了清华大学，就有义务承担起更多的责任，无论是学什么专业的，其实都是在为更好地建设我们的国家奋斗，一定要在为社会、为国家服务的过程中实现自我价值。因为受这种教育的影响，我觉得如果当选调生，也许在政府机关里能更大发挥自己的作用，影响的面能更广一点。

而且当选调生能回广西，能更多地尽孝。我是家中的老大，弟弟妹妹全都在外边上学，父母年纪大了，工作地点离家近照顾起来方便些。

回来后我被分配在南宁市科技局工作，刚开始时接触业务并不多，干的是一些很杂、很琐碎的事情，一直处在一种自我适应、自我调适的过程中，努力学习适应环境，适应工作程序，说实话，有点小小的烦闷。所以当单位有了扶贫任务，领导征求意见需要有人下村当第一书记时，我是很愿意的。一来觉得换个环境挺好的，另外还有更重要的一点，我

刘梅生活照（摄于桂林市全州县）

对扶贫这件事是有情结的，很了解扶贫这件事有多么必要。

我从小就是生长在农村，家里很贫困，父母都务农，经济收入不高，偏偏我们一家姐弟三人学习都很好，要想同时供三个人上学很困难，我自己在考大学那年就曾经是被帮扶的对象，受到一个爱心人士的资助。一个山西的伯伯萌生了资助省外贫困生的想法，通过学校的网站找到了我的信息后直接联系到我。我那时连县城都还没出过，没见过世面，突然外边的世界来了一个人，说要给我钱，供我念书，还有点怕怕的不敢相信，担心会不会遇到骗子。但事实证明是我多虑了，那个爱心大伯人特别好，大学期间，他每年资助我1.2万元，加上我自己再做点家教什么的，完全没有用到家里一分钱。后来我一直跟那个大伯保持着联系，大学期间每年我都到山西去看他，我爸爸妈妈更是感激他，每年都会亲手做点腊肉什么的寄过去。

在大学里我还做辅导员助理，负责全院系贫困生的资助发放，需要经常了解其他贫困生的情况。因为我自己家同样也在贫困村，所以很清楚国家和社会对我们这些人是有很多的帮助和扶持的，在我心里一直很想要做点什么来回馈国家，回馈社会，回馈那些好心人。现在单位有了要去扶贫当第一书记的机会，我真心实意地想去做这个事情。

在定向选调生里，你是最早当第一书记的女生，又没有任何经验可以借鉴，一切都要靠自己摸索，确实不容易。

好在我可以依靠清华校友会的资源。

说来挺巧的，我们清华校友会一直对扶贫事业很热心，想在武鸣这边选一个贫困村打造示范联络点，整合利用校友会的资源多做实事，为了方便开展工作，我被协调去了武鸣双桥镇的造庆村，在那里挂职驻村第一书记。那个村挺大的，有3000多人，10个屯，主要的问题是地理位置不好，在山边上，离镇上远，又没有集体经济，而且"空心化"比较严重，年轻人全都出去打工了，就老人小孩在村里，想在村里发展产业很不容易。

我是2014年4月报到上任的，那时对于扶贫工作还没有硬性指标要求，全凭自己各显神通，发挥各自的能量。刚一开始因为对情况不太熟悉，发展产业无从入手，为了迅速打开局面，建立村民对我的信任，我决定先从基础建设方面入手。下村后，我搞了一系列的密集调查走访，形成了一系列的项目需求，然后做成初步方案后向校友会汇报，再通过热心校友去广泛联络资源，用了一个多月的时间做成了第一个项目。我们在村口原有的一块空地上，用校友会募捐的钱修建了一个广场，因为那里有棵大榕树，就命名为"大榕树广场"，同时硬化了周边一部分路面，完成后很受村民的欢迎，利用率特别高，是大家平时休闲的一个重要地方，孩子、大人都喜欢聚集在那里乘凉、聊天、游戏、做手工，还在上面跳广场舞。

那一年5月17日的清华校庆日，校友会在我们村搞了一个校庆活动来为示范联络点做宣传，场面挺大的，清华的党委书记也来了，校友更是有小二百人。我通过这个项目给村里带来了一些利益，算是尝到一点甜头，接下来就想继续依托校友会的资源，为村里更多地做实事。

这方面的工作进展顺利吗？很多人都说农村工作开展起来很困难，你是当地人，又能通过校友会的渠道协调到很多好的资源，是不是就能相对好一点？

刚开始时也不行，毕竟我那时还不了解村里的情况，只凭着一腔热情构想出来的很多活动，推进起来并不像最初想象得那么顺畅。

比如我看到村民的房前屋后有很多空地荒着没有利用，就想策划一个校庆日的活动环节，通过校友会搞一些树苗，在村里义务给他们种柚子树。原来我觉得这是挺好的一个事，应该很受村民的欢迎，平白可以种上果树，何乐而不为？但是当我挨家挨户去跟他们说时，一上来就碰了钉子。有一回遇到一个大姐，我兴冲冲地对她讲了一大堆，说要帮你种柚子，树苗也是我们出，满心期待人家会有一个很正面的反馈，结果没想到大姐竟然怒了，冲我大吼大叫起来，直接就把我吓哭了。后来才知道那位大姐是跟村里干部有矛盾，认为我也是干部，把火发到了我身上。

从那以后，我开始知道做工作要讲方法，不能单枪匹马孤军作战，一定要利用好当地资源，要依托村干部们开展工作。

听说为了发展村里的产业，你亲手打造了一个轰动四乡的"莲藕节"？

在走访的过程中，我了解到村里有一个屯，那里种的莲藕非常有特点，特别好吃，质地很粉，味道香甜，尤其煲汤特别好。这个藕的品种最开始是从别的村引进的，但我们这里种出来却有任何别的地方都没有的效果，不知是不是水土的缘故，不仅是原来的产地，就是村里其他任何一个屯都种不出相似的效果来。莲藕味道好，产量也不错，亩产能到四五千斤。

我看到了其中的商机和潜力，于是鼓励他们种植，还花了很大的精力帮他们推广产品，希望能打造出一个有特色的莲藕产业来。

但在这个过程中，我充分感受到了其中的困难。农户都是逐利的，产品又是一年一种，去年莲藕价高，农户看到收益，今年就会立刻扩大种植面积，几乎把所有地方都种上，结果只要明年价低了，立刻就能从几百亩缩小到只有几十亩。所以一个产业不是想打造就能打造起来的。

我通过调查发现，这个屯的老百姓每年"七月七"的时候都有一个自发性的庆典活动，"七月七"是我们广西一个挺大的节日，那时候莲藕也快成熟了，当地村民在收获前会自发地杀只鸡杀只鸭喝顿酒，预祝莲藕丰收。于是我就想，能不能利用这件事，在这个庆典活动的基础上打造一个"丰收节""莲藕节"，因势利导，借力打力，以此来扩大莲藕的品牌效应，促进产业发展。正好我们刚搞完校友会活动，校友捐赠修建了大榕树广场，我想就利用这个地方，把活动搞起来。

就这样，我就在村里的"大榕树广场"，搞起了造庆村的第一届"莲藕节"，把原来各家分散搞庆祝的农户组织在一起，集中过节，有好几百的规模。我们又从外地请来了一些莲藕经销商，当场在这里买莲藕、收莲藕，农户的销售渠道一下子被打开，气氛也立马就起来了。虽然时间很仓促，事先没有来得及做太多的宣传，只是通过微信发了一些链接，来的多是我们屯周边住的亲戚朋友，但也还是吸引了一些外地的游客过来凑热闹。我们广西人本来就喜欢过节，大家凑在一起吃吃喝喝，唱唱跳跳，还能把东西卖掉赚到钱，真是特别开心。

那次活动搞得挺成功。过去这个屯莲藕产品的销售基本上是由邻近县市的一家老板垄断经营的，成熟季节老板会来统一收货，销路虽有保障，但价格也只能听凭他一家说了算，人家压价农户也没办法。我们这个"莲藕节"的推出，吸引了好多经销商过来，等于那家老板多出了好多竞争对手，一下子打破了价格垄断，增强了农户的议价能力。

等到了第二年，我们又办第二届"莲藕节"，更有经验，规模也就更大了。我事先搞了很多对外宣传的活动，把更多的经销商和游客吸引过来，还帮农户设计了包装盒，开发了很多跟莲藕有关的小吃，像藕夹、藕盒、点心什么的，供游客品尝，搞了挖藕比赛这样的趣味游戏活动……

如今在造庆村，这个"莲藕节"已经成了传统保留节目，连续搞了很多届，每次的活动中心都是在我们的大榕树广场。

通过活动，我们村的莲藕产业扩大了影响，我也和后来继任的第一书记配合，帮助他们继续搞开发，比如争取电商的合作，争取用"互联网+"的方式创造品牌效应，提高产品的附加值。现在造庆村有一种莲藕礼盒，5—10斤一份，一年通过电商能销售出去好几千份，每盒几十块钱，相当于从前卖给经销商的价钱成倍增长，这都是农户们的实际收入。

通过这样的实干，你这个第一书记和村民之间逐渐形成了相互信任的良性互动关系。

是的。后来我又在种莲藕的那个屯搞了第二个广场，对此我投入了很大的热情，我找我们建筑系的校友帮忙，免费给设计了特别专业的、很漂亮的效果图。因为需要把原广场的范围往外扩大，要占一部分农户的地，于是就有了一些问题。好在这个屯的人非常齐心，非常配合工作，大家也明白了"先有舍后有得"的道理，说扩建广场要占几分地，没有二话很快就落实了，毫不含糊。

我还给村民规划了一个美好的前景：这个屯的自然环境很好，不仅有好的莲藕，村附近还有一个挺大的水库，距离南宁市也很近，我觉得非常适合搞乡村旅游的项目。但是有一个很现实的难题：当时，通往村里的路边，目光所及全都是废弃的猪栏和牛栏，很煞风景。要想搞旅游，基本的环境风貌是一定要搞好的。

我就一边向政府报规划，争取项目资金的落地，一边在村里动员村民把这些煞风景的东西全都拆除掉。在这个过程中，我充分利用了一种"一组两会"的社会管理模式，把它的作用发挥到最大化。

"一组"就是党小组，"两会"就是社区理事会和社区监事会。这个模式强调以农村社区为治理单元，以党小组为核心，以社区理事会和社区监事会的运作为纽带，加强和完善村民自治。

我先把"一组两会"中那些威望高有号召力的人思想工作做通，再由这些人分散开去做工作，花了一个多星期挨家挨户进行宣讲动员，描绘未来美好的蓝图，最终把集体决议书贴在村口公示栏上，因为牵涉到每一家的利益，必须每一家户主都在决议书上签字才能最终生效。

结果所有的村民都在决议书上签了字，只用了一个下午的时间，不仅所有的猪栏、牛栏全部拆除完毕，而且最后村民连地都一并捐献出来，交给村里统一搞绿化美化。

没想到这种制度能在扶贫的过程中发挥出如此强大的动员力和凝聚力。

坦白讲，我之前也没有想到效率竟然这么高，简直给惊呆了，由衷地感慨和感动大家这么支持我的工作，之后我也愿意把更多的资源都引过来了。

这个屯之所以这么配合，很大一个原因就是我给过他们实实在在的希望，之前做的项目承诺全都实现了，落实了，让他们看到了我的能力，更看到了来自清华校友会的大力支持，相信我的承诺不是空头支票。

我真心为村里做事的精神也感动了村民，他们越来越信任我。很多时候，很多项目，只是存在着可能，即使这样，一旦承诺这个项目要上马，大家就愿意跟着一起先做准备工作。于是我这个第一书记和村民之间就逐渐形成了相互信任的良性互动关系。

虽然莲藕产业搞得很成功，但因为必须具备一些特殊的条件限制，并不能在全村全面推广。种莲藕必须要有水塘，造庆村有十个屯，适合种莲藕的只是其中的一个，别的屯因为条件限制发展不起来，想要全村都脱贫，我还需要寻找到更多、更适合的产业。

我们有两个屯是靠着山边的，林地相对多一些，其他的屯没有林地，人均土地也就一亩左右，不算多，所以很多人都出去打工。这种自然条件先天不足的限制也影响到了后面的产业发展。

当初承包土地的时候，为了追求公平性，是把好地坏地搭配起来平均化分配的，土地因此被分得非常零散，碎片化严重。再加上在家的多是老人家，就是守着自己熟悉的传统经济作物，旱地又多，只能种点花生和玉米，不会从外边引进什么高价值的新型作物。

现实情况就是如此，这种土地碎片化的状况想要靠农户自己的力量发展出特色产业几乎是不可能的。当然，如果农户愿意自己发展产业，或者小规模自发联合起来发展产业，理论上会更好，更好根据市场需要随时调头转产，收益肯定比流转土地更大一些，但是没有办法，首先要考虑的是能不能活下来。

现在整个农业的大趋势，首先品种要选得好，其次还得有技术，最后还要有销售渠道，这些让年龄比较大的农户一下子就全都跟上比较困难，所以只能采取直接流转他们土地的办法，进行统一经营。

选产业是最困难的，因为很难看准整个市场的发展趋势，另外农业产业本身的风险也比较高。比如我们村周边有农户自己种沃柑，但是作为散户会遇到很大的问题，比如技术不过关，病虫害会比较多一点，品相差，卖不上价钱。去年，他们散户的产品销售价市场也就是两三块钱一斤，而那些大企业，有技术，有渠道，大批量出货平均能卖到6块钱一斤，散户就是赚不到钱。大企业走高端销售，十来斤一箱的沃柑，能卖到一百好几十块钱，这就是大企业规模化管理和运营的优势，各方面都能控制得很好。

还有另外一个地方的一个村做砂糖橘，每家都种三五亩，每年收入能突破10万元,家家都富起来了。但是这有一个很大的前提:市里对这个村的产业发展投入了大量的资源,花了很大的精力才把这个村的产业打造起来,又赶上了砂糖橘热销,这才成功。我也想这么做,如果能做成肯定比流转土地要好,但并不是每个村都能获得足够的资源支撑,所以多数只能走流转土地的办法。

通过细致的调研,我们决定选择种沃柑作为村里产业的发展方向。一是沃柑需要流转大片的土地,可以惠及更多农户;另一个是种沃柑需要大量的人工,可以让村民就近务工挣钱,同时兼顾家里,解决空心化问题。

想要大片流转土地应该是一件极为困难的事情吧?

工作做起来的确很困难。一方面要想发展产业,必须适度的规模化和产业化经营,只有把一二三产结合起来,提高农业的附加值,才能从根本上提高农民的收入。但另一方面,农民祖祖辈辈都把土地看得很重,总觉得每一分每一寸都要守住,很难要求他们有为了大局牺牲自我的思想境界。这就需要我们自上而下地做许多工作。

我一个人力量是很有限的,主要的办法就是依靠村干部。只要把村干部发动起来,激发出他们的能量,然后我们再一起打配合,事情就成功了一半了。

在流转土地的过程中,最怕的事就是"插花",中间总有那么几户特别顽固,工作特难做,怎么都不肯配合。这样土地连不成片,事情就做不成。我们在工作中就遇到这种情况,其中有一家,孩子在外边打工,比较孝顺,经常给家里钱,所以家里的老人就觉得我守着这点地可以随便种点自己吃的东西挺好，不愿意流转，做起工作来比较麻烦。

好在村干部很给力，我们那个村支书特别会做工作，当了20多年的村支书了，能说会道，情商高，口才好，又能开玩笑，又能讲道理。我就跟着他晚上去农户家里做工作，以他说为主。跟农民不能拿城里人和机关里的那套话讲道理，村干部们就更懂得一种接地气的方法，从天上到地下，从大局到个人，晓之以理动之以情，各种办法齐上阵。

从2014年中我就开始谈流转土地，一直谈到2014年底，谈下了两三千亩，和大企业约定的条件和价钱也都挺好的。到了2015年初的时候，我们继续努力，一鼓作气，最终拿下了4000多亩，十个屯里有八个屯的土地全都连片流转出去了。

剩下的两个屯的情况比较特殊。一个是靠着山边，林地比较多，每家都有十几亩地，收入很不错，就不太看重流转土地的收入了。另外一个屯就是那个种莲藕的了，村民们家家户户种莲藕，也不出去打工，收入好，不需要再租地搞别的产业。

沃柑一般从种下到收获要三年，砂糖橘也要三四年才挂果。

现在造庆村的沃柑已经丰产、丰收了三四年。

你当第一书记后取得这么突出的成绩，除了你来自农村，更了解农民之外，还有什么可以分享的经验？

可能最关键的一点，是要帮村民找到方向，给他们描绘出一幅更大的希望蓝图。

我们这些下来当第一书记的，每个人都想切实帮到村里，但是究竟怎么帮才最能发上力？找项目、给村里做各种基础设施建设，这些都很必要，但是仅有这些还远远不够，更重要的是要让他们找到方向、看到希望。必须要把这个村的发展放到整个大的形势背景下，才能想明白究竟该往哪个方向走会比较好。

在造庆村就是这样，我通过自己的调查研究，以及对大量调研数据的分析和诊断，发现并找到了一个方向，最终确定了以流转土地为主，辅以发展特色产业这样的发展战略。有了这个指导，即使我将来不在这里做第一书记了，也给村里留下了一份切实可行的发展规划。

因为有了大的愿景蓝图做指导，再从这样的高度往下延伸切入实际工作，工作相对地就很有目的性，很多问题也会迎刃而解。为了达到更好的效果，必须努力把自己的想法变成村民自己的愿望和追求，让大家能自觉自愿地朝着同一目标去努力。因为很明确最终的目标在哪里，就能有针对性地寻找相应的资源去匹配。有时候一步走对了，就一通百通了。

然后就是利用一切机会向村里"一组两会"中的核心人物进行宣讲，灌输我的理念。我自己是一个外来户，人生地不熟，做群众工作肯定不如他们。我先是通过自己口述和规划蓝图展示，把我心中的愿景说给这几个关键人物。等他们都有点心动了，再分好几批次，把村里的人带出去，到周边那些做得比较好的村子去参观，给他们直观的感受和触动。人家已经取得的成绩，那么好的环境，那么好的生活，那么好的日子，要让他们亲眼看到，如果按照我描绘的发展蓝图去努力，究竟能把生活过到多么好！

他们本来就已经被我说得心动了，这下又加了一把火，跟着第一书记往前奔的决心立马坚定起来了。

一旦村民们开始把发展思路逐渐统一到我拟定的规划和愿景下,我就继续通过不断融合他们的反馈意见,逐渐让规划变得更加接地气和可实现。先让村民代表从心底里认可规划的前景和可行性,然后通过"一组两会"的核心人物再去村民中分头做工作。村民对那些核心人物更信任,沟通起来比我自己去更顺畅,更方便让规划得到广大村民的一致认可。大家心往一处想,劲往一处使,就能让整个村很快焕发出生机。

知道自己要去贫困村当第一书记时,有没有想过去找有实践经验的师兄师姐取经,听他们分享基层工作经验?

有的,大家经常在一起议论怎样才能尽快地融入群众。特别是师兄们很热心,传授了很多在跟老乡交往中拉近距离的经验。可我是女生,好多经验并不适用,所以还得想别的办法。

尽管很少有女性第一书记,几乎没有现成的经验可以吸取,但我有自己的优势,不仅是广西本地人,还是从农村贫困家庭出来的,在情感上很贴近农村,也比一般干部更了解农民,所以下村挂职就像回家一样,心里并不发怵。

等真到了村里,我很快就发现,女性天生的劣势其实完全可以转化为天生的优势。现在村里留守的往往是女性,家里往往也是女性做主说了算。于是我下村时就注意加强和村里那些妇女的交流,主动和她们搞好关系。比如那个种莲藕的屯,妇女们没事就喜欢带着孩子一起聚在大榕树下乘凉聊天说八卦,我每次去了就热情洋溢地加入其中,上至老人,下至小孩,全都热情地打成一片。在这时候,我这个第一书记还是有点优势的,首先我这个样子大概还算好相处,然后还要感谢母校清华

刘梅与群众交流

给我的"客观帮助"。我发现,每当我对她们的小孩表达善意时,那家大人就特别开心。大概是人家觉得连清华毕业的都这么稀罕我家小孩,夸我家小孩聪明,想必我的孩子就是好!总之人家觉得特别有面子,是对她们莫大的尊重。

现在广场舞文化在农村也很流行,大家都很喜欢参加,我就在这方面动脑筋。我先是发现广场上没有路灯,大家晚上要跳舞的时候,还得特意从旁边人家里拉出个灯来,很不方便。于是我就利用改造村貌的行动,落实了路灯的资源。广场上安上了漂亮的灯,大家喜不自禁,跳舞的热情更高了。

后来镇里也因势利导开展广场舞比赛。我们广西本来就是歌舞之乡，大家都喜欢唱歌跳舞，所以参赛的人特别多，但名额却有限。屯里的大妈们就来找我，因为当时我还同时挂职镇党委副书记，大妈们都希望我利用这个身份能帮助她们多要来几个参赛名额。我特别愿意帮这种忙，对村民们热爱的事情我一贯非常重视，能帮一定帮。村民们特别开心，觉得我这个第一书记贴心，渐渐地他们都把我当成自己家的小孩，或者是邻家的一个小妹。村民们真心接受了我，支持工作也就不在话下，什么话都好说，什么事情也都好办了。

除了大力推广莲藕产业和种植沃柑，你在村里还重点做了哪些工作？

种沃柑之后，我的工作重点转到一些项目的落实上。比如种莲藕的那个屯，种莲藕需要水源，虽然它的旁边就有一个水库，但是屯的地势高，水库低，用水很不方便，所以主要是从一个山潭里取水。为了稳定水源，我争取到了200万元资金，对那个山潭进行了扩充，改建了引水设施。

因为莲藕特色，我还一直想把这个屯往乡村旅游方向引导。我发现最大的制约是通往这个屯的路不够宽，而且比较曲折。要想做旅游景点，路好走是必需的前提。

我们努力从政府那里争取到了修路的资金，但是修路涉及的征地工作是要村里自己解决的。麻烦的是，征地要涉及其他两个屯，这里就牵涉了巨大的利益关系。我在中间协调了很久也做不通工作，就这么僵持着，工程迟迟不能启动。

修路申请下来的钱是政府资金，政府部门资金的使用是有预算制度的，如果到了期限还没有使用，不仅要收回，当初做预算申请的部门也要被追究责任的。开不了工，我们都着急得火上房了！

后来幸亏土地流转成功了，有争议的地全都租给了种沃柑的老板，我觉得有的谈了，转而去跟老板那边商谈。经过艰苦的谈判，最终对方勉强答应，允许我们把路基向外扩一点，修路工程终于在最后一刻启动了。

除了这些基础建设的事情，最重要的工作就是扶贫了。尤其是到了2015年下半年，开始了大规模的精准识别工作，这也是我第一书记任期内最难忘的经历之一。

"精准识别"主要针对之前对贫困户的认定不够准确，要按照上级下发的表格对现有贫困户进行"打分"。在执行的过程中，最开始遇到的困难，是不知道对上级下发的打分表该如何掌握。打分的标准并没有细致的规定，而实际工作中遇到的情况又千差万别，有太多规定所不能涵盖的情况，需要我们这些具体的工作人员去衡量和判断，究竟该怎么打分。在这个过程中会遇到非常多令人纠结甚至不知所措的情况，大家都是第一次干这个工作，所以具体执行的时候各种麻烦和混乱就在所难免了。

比如在打分的过程中有很多矛盾和分歧，第一就是户口怎么认定的问题。在农村，户口拆不拆户其实是有很大的自主权的。比如有三个孩子，同样是结婚了，有的就分户了，有的就没分户。可是打分评估的制度性定位是以户口为准的，于是对调查对象的评估主体到底是谁、怎么认定，就会有截然不同的结果。

有的老人，家里孩子全都分户出去了，老房子里就老人自己住，一看还属于危房，在这种情况下肯定能被评估为贫困户。可是有的老

刘梅到农户家中进行贫困户精准识别

人的孩子们都很富,也没有不孝顺,都接老人去住,只是老房子没拆,或者老人就愿意自己单独住,这种情况下被识别为贫困户,别人会觉得不公平。

还有的情况,是家里有个女儿,嫁出去后又离婚了,户口回到家里,本人在外边打工,还另有小房子,到了识别的时候,是把女儿和父母算在一起,还是拆出去,情况就天差地别了。

除了分户,还有一个矛盾和分歧比较大的就是对贫困户的疾病和身体状况如何判定的问题——在调查打分时,如果贫困户有大病是要减分的,可是工作队员又不是医生,无法判定是不是有大病,如果对方当时拿不出什么佐证,也许就漏掉了。可是事后又会了解到其实他真的有某种病，而且对生活和劳动能力确实影响很大，我们也必须补充修正。

诸如此类的事情数不胜数，所以导致工作量特别大。

当时我们村做这项工作的是一个由机关干部组成的工作队，我任队长，其中有三名是市科技局的干部，还有九名是县里和镇里分配来的机关干部。我们十几个人没日没夜地整整干了三个多月。

上级对每个阶段完成任务有着明确的时间要求，为此我就必须先制定好工作分配计划表，还要根据工作人员的不同特点，提前安排好人员组合，哪几个人一起组合分组，然后给每组分配任务，谁负责哪一片，谁负责做什么都要有明确规定，事后还要核查落实情况，出现了意外情况还要及时有补救措施。每天必须走访完20户人家，每进一家，就按照表上的项目，逐一询问，逐项打分。

为了保证公平，整个打分过程完全由我们这十几个人负责，杜绝了当地村干部参加，只是入户调查时由他们带路。

按照"逢户必入"的要求，全村总共七八百户人家一律要求登门入户调查，逐项打分。如果一去家里就有人，完成起来还是蛮快的，可关键是人不好找，而且村民住得很分散，屯与屯之间很远，很多地方道路不通只能步行。很多人家白天去了没人，就得晚上再去，赶上全家外出干活，为了确保完成登记打分任务，还得四处联系，安排他们早日归来配合。这样工作效率也很受影响。

一开始没有要求电子系统录入，我们都是手工填表、打分，最后把分数统一录入系统，等全部识别完之后，由县里公布贫困分数线，线下的就是贫困户。然后还要对贫困户进行公示，由村民小组和全村的村民代表进行评议，看看打分合不合理，公不公正，要公示好几轮。这中间就会出现很多的问题。

工作队员对看得到的东西能做到公正打分，但事实上，还有很多我们这些外来户看不到的东西。经过当地村民的评议就会发现一些错漏疑点和线索，工作队员就会按图索骥地对疑点和线索逐一进行复核，再根据复核出来的新房屋、新资产等，重新打分，然后再到村里进行一轮公示评议，没问题了，再报到乡镇里面。

圆满完成"精准识别"任务后，你的任期就到了，尽管交班卸任了，可村民还是习惯有事给你打电话。

我其实挺开心的，这说明村民对我很认可，对我的工作也认可，已经习惯了有事情就来找我反映和解决。所以在不影响后任第一书记工作的情况下，有些事情如果可能帮得上忙我还是会尽力去帮。

有一次，村民说有一块后来流转的土地出了问题，至今老板还没付租金，希望我帮忙去催要。我就利用业余时间下去协调，了解情况，多方沟通，帮助他们解决问题。

我在村里的时候有一个老屯长，跟我合作得很好，后来我离开了也经常联系。有一次年底，我打电话过去拜年，对方一直没接电话，我还奇怪。后来我又打，他儿媳妇接电话了，说他住院了。过了些天我抽空去医院探望，发现老屯长情况很不妙了，可是神志迷糊中还念叨"刘书记"，还把别人认错以为是我，我特难过，积极协调医疗资源，希望能挽救他的生命……

我在村里这两年，跟很多村里人已经处得很有感情了，某种程度上也跟家人一样。好比老家家里人有什么事了，你不会不管的……

你担任扶贫干部后做了很多工作，吃了很多苦，听说你父母因为你的工作性质，没法"建档立卡"？

我老家在全州的一个贫困村，家里经济条件不好，在"精准识别"时打分的确挺低的，可是这次评选"建档立卡贫困户"的政策有一条硬标准，只要家中有人有财政收入、是财政供养的，就一票否决。因为我本人是公务员，算是有财政收入，所以不管我父母家的打分有多低，都没有资格参加"建档立卡"的评选。这样的情况远远不止我一个，很多扶贫干部都有过相同的经历，自己在贫困村做扶贫工作，想办法让更多的人享受到相关的优惠政策，早日脱贫，与此同时却一点都帮不到家里。

对这种情况，我们心里确实对父母挺歉疚的，却并没有什么怨言和落差。扶贫攻坚是全国性的统一行动，我在造庆村这边当第一书记，我家那里同样有一个第一书记，和我有着同样的目标和追求，我们俩之间经常有沟通，甚至一起商量和交流工作中的经验和体会。当地乡镇的领导也了解我家的实际困难，很关心我父母，通过一些社会上热心人士的帮助，主动协调一些扶贫的资源过去。所以请放心，在大家的共同帮助和扶持下，我父母家也已经顺利脱贫了，没有被落下。

❖ ❖ ❖

刘梅是典型的岭南女孩模样，身材瘦瘦小小，五官与身材一样玲珑清秀，笑起来眼睛弯弯，很是讨喜。令人惊异的是她那单薄瘦小的身躯竟然有着那么充沛的能量，能担当起那么多责任。

无论下村做第一书记，还是在南宁市科技局，刘梅对待自己的工作都像当年对待功课一样的认认真真、兢兢业业。她还没有成家，却像主妇操心家事一般地操心着自己的工作，时刻关注着农村和农民的变化与发展，这应该就是我们时常说起的那种"主人翁的责任感"了。

孙铁军

人生应有更大的目标

孙铁军，1986年出生，河南巩义人，中共党员，博士，2014年毕业于中山大学，现任梧州市长洲区委常委、组织部部长。

你是学生物的博士，怎么会选择做定向选调生呢？

一切源于多年前的一次经历。

我是河南巩义人，从上本科开始学的就是生物，博士研究的课题主要是关于植物死亡的课题。2006年大二时，曾经和十几个同学一起利用暑假去了新乡原阳县的一个小山村做社会实践，很多人都会认为这些大学生的活动无非就是去玩一玩的，一开始我自己也的确没想太多，但那次经历却让我感触很深。

那个小山村里的留守儿童很多，因为我们这些城里的孩子反正也不会干什么农活儿，村支书就给我们找了一间学校，让我们在那里教那些留守儿童读书。我们白天教他们英语、数学、语文什么的，看到哪家小朋友父母不在，就多陪他玩玩；晚上，我们就住在学校的宿舍里。那种农村的学校是很破旧的，我们的住宿环境很简陋，就两间屋子，男女各一间。女生的房间里有床，我们男生那屋连床都没有，晚上把桌子一拼，就那么睡。自来水也是没有的，大家都是用井水，整个大院里就一个厕所，蚊子虫子特别多。说实话，我们这些城里长大的孩子对这样的环境很不适应。我从小家里的生活条件是很好的，这次的经历让我确实感到农村太落后了，对一些情况甚至是感到了震惊，深刻地感受到农村与城市间的差距。跟我们一起的一个女生，白天去农户家里做家访，跟小朋友们的爷爷奶奶聊天，晚上回来跟我们转述他家糟糕的情况，一边讲一边流泪……

我们在那个村里住了二十来天，腿脚上被虫子咬得全是包，挠到流血。后来我们学校团委书记过来看我们，看到那样的情形蛮心疼的。但我自己倒没想太多，能教那些小朋友读书，看到他们很认真地跟着我学，我心里觉得很有意义。

离开的时候村里面的老乡都来送我们，给我们拿了好多吃的，鸡蛋、苹果什么的，拿着就往我们手里塞，我当时心里很感动……

就是那次暑期社会实践，让我萌发了一种冲动，或者说是"情结"，很想能在毕业后找到一种方式，为农村做点什么事，直接帮助到更多的人，去改变这些人的命运。这个情结就像种子一样，在我心里慢慢萌发着，终于在博士毕业前夕遇到了让它勃发的契机。

2013年，我博士临近毕业，要考虑今后的出路。我一开始的想法很务实，就是想找到一个工作，让自己的生活安定下来。中山大学的博士在就业市场上挺受欢迎的，我联系过很多深圳的药企和研究所，都有机会，待遇也很好。另外也可以选择继续留在高校里搞研究。我的爱人和我同在广州读书，是华南师范大学的研究生，当时我们已经谈婚论嫁了。她的父母都是海南的高校老师，认为我博士毕业以后应该像他们一样去高校工作，不仅顺理成章，而且很稳定。我的导师则推荐我去美国马里兰大学继续深造……总之，那时候觉得选择挺多，哪个都挺好，但哪个也都没有令我特别兴奋。

就在这时，广西壮族自治区党委组织部来学校招定向选调生了。我去听了领导的宣讲，看了他们的宣传片，还有几个选调生前辈的现身说法，被那个氛围所感染，被那个导向所吸引，多年前开始萌芽的想法仿佛突然间就被点燃了，让我觉得这个方向好像才最契合自己内心的想法。

我真的不是看中能给选调生多好的待遇，也没想过当选调生可以当多大官。我家几辈子没人做过官，连政策规定"博士学历的工作两年后可以升为处级"是什么意思、意味着什么都不太明白，想法真的挺简单，就是觉得去了那里好像能让我做一点实事，有很好的平台提供给我广阔的施展空间。

那次来做宣讲的有梧州市委组织部的人，他们说得特别实在，很接地气，说广西跟"珠三角"离得最近的地级市就是梧州，离广州其实没多远，语言都是一样的，都讲"白话"，饮食习惯生活习惯也都一样，也喝早茶。我一听挺高兴，觉得这里适应起来会容易些，毕竟我在广州生活多年，已经很习惯了，所以就决定来梧州了。另外还有一点想法，我是河南的，我老婆海南的，两个人既然不能回海南，也不能回河南，那好歹找一个中间地带吧。就是因为这些才最终选择了来梧州工作，刚从学校出来时心里面的想法很朴素，很实在，第一是先找个工作，第二以稳定为主。

真正的信仰必定有一个形成的过程，一定是在实践的过程中才逐步锤炼出来的。

是的，在这个过程中我们去看、去听、去感悟、去反思很多事情，然后才可能真正感受到我们国家在体制上确实有优势。

所以，一个刚毕业的大学生千万别只会喊口号，别想着将来能做到什么样的领导岗位，否则就算真让你当了领导，也绝对当不好，因为你如果只凭着喊口号做领导，那你绝对只是一个喜欢有一点成绩就往上面报的人，不可能实实在在地做事。

当然也难免会有顾虑，毕竟我已经学到博士了，当了选调生以后之前的专业技能还能不能用得上完全不知道；还有，自己到底能不能适应社会，能不能适应这个角色的转变，能不能适应广西，毕竟我之前从来没来过广西，对这个地方几乎一无所知，因为这些，心里还是有些忐忑的。

听说你原先是去一个专业对口的单位工作的，但最终却去了市委组织部的研究室报到上班。在这个新岗位上，你过去所学的专业基本用不上了，是不是有点可惜？

这其实不只是我一个人，而是几乎每一个毕业生都会遇到类似的问题：到底一个大学生毕业工作后该怎么尽快适应岗位、适应社会？

当了选调生后，原来学的专业，不管是什么高科技，来了以后全都用不上，全都改做行政管理，每天面对的都是各种琐碎的事，的确有人觉得这是一种浪费。但我是这么认为的：既然当初选择了进入政府机关工作，就应该知道这点。在机关工作就是做管理，就需要从头学，哪怕是管理专业的博士也要从头学。因为书本和实践不一样，完全不一样，管理学上没有教怎么做组织部部长的，更没有教怎么做基层的乡镇书记的，既然都没有，就只能从头开始学习，从最小的事开始做起，这个路径是对的。

我在组织部的事业发展挺顺利的，写了一年的材料之后，按照相关政策规定，被定为正科级，然后就直接被任命为干部四科的科长，专门负责选调生的工作。领导对我很信任，这期间让我承担了很多重要的工作，其中很重要的一部分任务是去做干部的考察。组织部领导曾经评价我抗压性好、韧性足，这个印象应该就是在我带队做干部考察的过程中显露出来的。

每逢换届，干部选拔的考察任务是很重的。组织部要提前组成工作考察组，下基层做干部的考核审查工作，在民主的基础上对干部进行各项政绩考察，原则就是人尽其才、各尽其用。2016年那次是五年大换届的考核考察，任务非常重，组织部同时下派了好几个小组，通常组长要派资历较老经验丰富的老同志担任，我当时只有30岁，就担任了常务副组长，压力可想而知。我要提前把所有的方案都做好了交给组长，供全组讨论，组长定下来再报部领导，时间就更加不够用。我们组织工作本身的特点就是保密程度高，每天从早到晚都在忙，晚上开完会后，我还要整理当天的所有材料，并提出新的建议，常常工作到天亮。

那次考核，我们小组非常好地完成了任务，提出人事动议的意见，80%都被采纳了，算是经受住了考验。

从2015年7月到2017年7月，我干了两年的科长，成长为一个相对成熟的机关干部，很多人都认为我完全可以沿着这条路继续往前走，但是我自己却有了新的想法。我觉得自己的工作经历太简单，如果没有足够多的阅历，没有经历过相当的考验，是没有办法做好一个组织干部的。这个岗位太重要了，我知道自己当时是几斤几两，就算上级真把重要的职位交给了我，我也不见得能做好，因为我担心看不准人。

读书多的人往往有个好处，就是会反思。因为你不断反思自己的初心，所以才萌生了离开机关去基层的想法？

那段时间我的确经常想，我这个博士当选调生到梧州，到底最该

人生应有更大的目标　235

干什么？总觉得自己读了那么多的书，总要在除了会做表格、写材料之外，还能找到其他发挥的地方。如果那些专业知识，甚至是整个人的逻辑思维能力，能用在对一个乡镇的长远谋划上，一定特别有成就感。

领导对我想去乡镇任职的想法很支持，原本是安排我去其他一个镇接任乡镇书记的，但这时新地镇出了一些状况。这是梧州的一个大镇，地理位置四通八达，是连接南宁、广州、梧州的交通枢纽，商业非常发达，工业也很好，但有两个工业园区，情况特别复杂，遗留了不少问题，工作氛围比较差。那一年是村两委和社区的换届选举年，全镇共有20个村社区，支部换届竟然有5个村出现异常状况。因为有这么困难的局面，上级领导才决定派我过来接任书记，把我放到更难更复杂的乡镇经受锻炼。临行前，组织部的常务副部长给我加油打气，说我很有韧劲儿，就像弹簧橡皮筋一样，不会轻易地放弃，相信以我的能力一定能做好，让我一定要好好抓一抓基层党建工作，发挥好基层党支部这个战斗堡垒的先锋模范作用。

我上任后的第一个任务就是确保村两委的换届选举顺利完成。

新地镇有八九万人，每个村的人口都很多，最大的一个有将近7000人，换了其他稍小的乡镇，我们三四个村加一起就相当于人家一个镇的人口了。人口既多，又藏龙卧虎，本地出去的各级领导干部也多，有上百个处级、厅级领导干部。我们这个镇工业化程度较高，所在地矿产资源又丰富，有很多矿产企业。镇上经商的人也多，光是在南宁的、从我们镇出去的年收入过百万的商人，几桌子都坐不下。总之各路神仙，能量都比较大，所以情况就特别复杂，一个村两委和社区的换届选举，无形中牵涉到很多的利益。各种情况交织在一起，牵一发而动全身。

为了村两委的换届顺利完成，我真的是没日没夜地干。当时有好几个村的情况混乱，各方势力各种活动，甚至同姓的、同宗的拉帮结派。我就用了最笨但也最有效的办法，就是深入群众，耐心细致地做工作。赶上哪个村要选，我就提前带着干部直接下到那个村里去，挨门挨户找村民小组长一个一个谈话，有针对性地提前摸排情况，搞清楚情况了我就可以提前排除一些隐患。那时候常常彻夜谈话，天亮了也还不能休息，还要赶快行动，再抱着流动票箱进村……

因为我们提前做了大量的工作，总算把村两委的换届选举任务顺利完成了。

你这可真称得上是受命于危难了。那里的情况这么复杂，摆在你面前的难题肯定不止这么一件吧？

确实是这样。2017年时我初来乍到，不管别人怎么想，我心里很清楚不是来混日子的，不是来镀金混资历的，我是来做乡镇书记的，是遇到事情要拍板做决定的，是开会时要在最后做表态的，是要谋划全镇的发展大框架的，是领导全镇的一把手。这个身份承载的是巨大的压力和责任，我很担心自己把握不了局势，心里充满紧张感和危机感。

原本在上任前我是有一定思想准备的，知道新地镇的情况复杂，工作很不好做，心里倒没怕，反正"兵来将挡，水来土掩"。作为一个新人，我相信只要自己处事公道，干事情做在前面，机会还是有的。即便我不太可能在很短的时间内把整个镇的工作搞得很好，但是假以时日，总能慢慢地往上走的。但是等正式接手工作后，才发现情况比我预想的还要糟糕，棘手而迫切的任务太多了，镇上有许多过去遗留下来的项目，都处在尴尬境地，几乎都是钱花了，但事情却没做。最典型的就是静脉园

孙铁军和桂林银行梧州分行负责人、农担公司梧州办事处部门负责人到龙窝新富农合作社洽谈融资业务

区和207国道东绕城两个项目。

静脉园区的情况,是2014年底市政府就跟人家签了合同,引进上海一家公司投资十几个亿,搞垃圾焚烧发电项目,由我们负责征1400多亩地,其中200多亩道路,1200多亩园区。可是到我来的时候,地征了几十亩就征不动了,连路都没修通,企业对如期投产早就绝望了,甚至都准备认赔出局了。更严重的是,之前几年在征地的过程中,工作没什么进展,劳务费倒花掉了好几十万元,还导致征地的红线图被提前泄露,造成很多有心人提前在应征的土地上抢种的抢种,抢盖的抢盖,抢搭的抢搭,给征地制造了巨大的困难,完全就是一片烂摊子。

那个207国道东绕城的项目也是这样,从2014年就定了要在经过的村里征地700亩,但那个村的情况原本就很复杂,加上我们负责征地的人不得力,最终让一些"有心人"串联在一起,里应外合地哄抬要价，导致我上任时同样是啥进展都没有。

没有办法，我只能迎难而上，先从难啃的硬骨头啃，坚决拿下征地这个老大难。只有啃下来硬骨头，才能有威信。

我逐一找班子同志反复谈心，先在内部凝聚共识，特别是与镇长和人大主席统一了认识，一起商量定了几个原则。

第一个，我们作为主要领导干部，要以身作则，谁都不要插手具体的项目，该是怎么样就怎么样，该请评估公司做第三方评估的赶紧去评估。

第二个，我们三个人一定要团结，不能闹不愉快。我之前没有基层工作经历，在小范围讨论的时候，你们要对我知无不尽、言无不尽，什么意见都可以充分交流，但是在公开场合，凡是我拍板定下的事，你们必须无条件支持我，哪怕后续有问题了咱们再纠偏，但是上会的时候我们三个人的声音必须要一致，这样的话其他班子成员才会一致。

第三个，我和镇长、人大主席三个人作为班子里最核心的成员，要各自认领一个"老大难"项目，各带一组人去攻坚，彼此比赛一下，看看谁先完成任务。

我领的是最重的任务，解决静脉园区那1400多亩地的征地问题。

为了确保企业能如期投产，我必须把已经耽误的时间全都弥补回来，要在8个月内连路带园区帮他们把所有地全部征完。谁听了都觉得这是一个不可能完成的任务。

2017年9月我到新地镇上任，11月把村两委的换届工作做完，紧接着就开始了征地的工作。在征地过程中我们必须用文明手段去推进，先把原来负责这个项目的人调走，到另外一个项目，又换掉了会计，带领镇上的主要领导亲自上阵指挥作战，全力以赴推进项目进展。

在这个过程中，我们必须顶住各种压力，甚至是利益的诱惑。

有一个抢种了100多亩地的人，自称是某个上级领导的亲戚，跑到我办公室直接跟我要补偿，要求很过分，而且态度强硬，达不到他认为的最低数目就不肯罢休。我坚决不答应他的非分要求，坚持必须按照政策的规定来。不管种的是什么，毕竟是抢种的，是不合法的。我仗着自己年轻胆子大，主动打电话过去给他的"领导亲戚"，反话正说：领导，我在征地补偿的过程中遇到了一个你的亲戚，请你一定要在补偿标准上多支持我。领导当场表态让我依法办事，不用理他，还说跟那个人并不熟，最终让我成功地把那块地拿下来了。

就是凭着这样的生猛正气，到了2018年的8月，我竟然把这几个项目全都做下来了，感觉非常有成就感。

现在静脉园区的这个大项目进展很顺利，已经点火，马上就可以发电了。

你上任后正赶上脱贫攻坚的关键时刻，这对每一个乡镇书记都是一场真正的硬仗！你们新地镇相对富裕，也有这方面的压力吗？

我们的扶贫工作一点也不轻松。新地镇总体上虽然算富裕的，但是人口基数大，发展不平均，贫困人口的绝对数量一点都不少。全镇共有20个村和1个社区，通过精准识别后认定共有7个贫困村，1万多贫困人口，2600多贫困户。我上任时，还有四个村没有脱贫。经过没日没夜的努力，到了2018年的时候我们脱了三个，2019年又脱了一个，至此所有贫困村全部脱贫出列了。

整个脱贫的过程的确走过很多辛酸的路。

孙铁军到古卯村李炳阳户了解情况，动员其搬离危房。

　　2017年12月开始脱贫攻坚核验，最重要的工作就是做材料迎检，要做大量的材料和台账工作，那段时间几乎晚上没睡过觉。有人说这种做台账是搞形式主义，但我不这么认为。我在上级单位和基层都有亲身的工作经历，认为做材料、做台账其实是一种展现工作成果的必要手段。通过台账可以把一些基础的、扎实的数据反映给核验小组。上级部门下来检查核验是有时间限制的，总共就有三五天的时间，不可能有机会把当地所有情况都摸得很熟，所以只能通过台账这种方式来了解真实情况，所以对于做基层工作的人来说，有些台账应该有，而且必须有，只有通过那些真实的数据资料，有图有真相才有说服力，才能充分说明工作成果。

孙铁军到大同村走访贫困户

所谓扶贫成果在某种程度上就是要看诸如教育、医疗、住房等方面政策的落实情况,如果没有照片,没有银行卡记录,没有义务教育和送教上门的记录,做的这些工作怎么被证明?有很多东西是我到了基层有了亲身经历后,才更加体会到它存在的必要性。所以我对台账工作是非常重视的,像村里的饮水、公共服务、教育、住房保障的这些数据,包括政策落实类、综合管理类的台账内容,都是要在我们镇干部的指导下,和村里的第一书记、村两委一起来完成的。

我们在基层当领导必须要用心,因为这里有太多台账中显示不出来的东西,台账上合格,不代表实际工作就合格。生活中有太多情况是政策涵盖不到的。

我自己就有一个亲身经历的故事。

2017年12月，我下村走访贫困户，那时候天气已经比较冷了，那个贫困户家里是个80多岁的老爷爷。他是抗美援朝的老兵，没有结婚，没有小孩，那时候他已经快要坐不起来了，基本上都是躺在床上，而且耳朵也听不太清楚别人说话，只有一个侄子在照看他，每天给他送饭。我去看他的时候，他就穿了七八十年代那种小西装一样的灰布衫，再套一件大衣，身上搭的被子还是夏天盖的那种，几个被子套在一起。我就坐在他床边，当时就觉得心里很难受，很心酸，就跟村里面讲，我回去后买两床被子，拿点钱，明天再一起送过来。第二天再去的时候，老人刚刚吃完饭躺下来，看我来送东西，就坚持要起身和我合影，表示感谢，我帮他系衣领上的扣子时，他也说不出来话，只是一个劲地流眼泪。虽然我知道他是高兴得流泪，可是心里却是有一种说不出来的感受，我作为一个乡镇书记，看到他那样的生活环境时更多的是愧疚、难受、心酸。对我来说买两床被子无非就是100多块钱的事，是我的举手之劳，但对老人家来讲意义却不一样，因为他能盖上暖和的被子了。

为什么精准识别、精准扶贫那么长时间了，可还是会有像老爷爷这样的情况呢？

这就是现实情况，即便政策和制度设计得再好，推广时还是会像一张网一样，就算在落实的过程中这张网很密很细，但是始终会有一些漏掉的，所以我们当干部的在执行政策时一定要用心和用情。像这种情况，干部如果简单地按照考核标准一核对，其实什么问题都没有，住房没问题，危改做完了，吃穿也不愁，作为一个抗美援朝的老兵他也有抚恤金，去医院看病还有报销，按照考核标准来看，他确实是达标的，考核组来考核也不会被扣分。可是我作为乡镇干部，作为一个人，看到他这样的情况，虽然知道他达到了硬性条件，可心里还是会很难过。

制度是一些刚性层面的东西，但是在柔性层面是没办法面面俱到的，所以这就需要我们从人性的角度去想办法让一个人过得更好。

原来我资助过一个六七岁大的贫困孤儿，上小学了，他也是硬件上没问题，一个月有六七百的补助金，他还有叔叔婶婶照顾，而且他自己也是很听话很争气，学习成绩很好，还会做饭。可是谁能保证他在成长道路上不走歪路呢？如果这时候我们去多给他一些温暖，让他感觉到这个社会还是充满爱，那么他可能就会更容易朝着好的人生方向前行。

所以说，扶贫攻坚是消灭绝对贫困，这个目标容易达到，但要想进一步消灭相对贫困，还有更多的工作要做。

绝对贫困就意味着吃不饱，穿不暖，生了大病看不起，最基本的生存需要无法维持。

相对贫困就是像那个抗美援朝老兵一样，有衣服穿有被子盖，却并没有达到让一个人应该满足的地步。按照脱贫标准，他确实真的是什么都不缺，就算检查出来他相对贫困，对这一户也一分都不会扣，他也会很感谢我们给他消除了绝对贫困，确确实实不仅让他得了危改房，还有抚恤金，还有医保，吃穿喝全都不缺。但是，当我帮他系扣子，嘱咐他天冷了要把扣子系紧一点时，他的眼泪却一直在眼睛里打转。这个事情对我的感触很深，感觉到除了制度上的刚性要求，有时候我们作为领导更应该多多关心人民群众的精神需求。

习近平总书记说领导人跟群众之间的深厚感情不是坐在办公室里就能感受得到的，我非常赞同。总书记不管去哪里视察，都要到最贫、最苦、最难的地方，哪怕车到不了，他走着也要过去，就是要看看贫中之贫、困中之困到底是什么样。虽然我们这个地方没有那种情况，但是我把这个抗美援朝老兵和别人一对比，心里就会有种他晚景过得凄凉的感受，就会想在以后的工作上不要太折腾群众，一定要为群众的利益着想，处处以群众利益为出发点去考虑。

都说群众工作不好做，确实有少数群众头脑灵活到有些难缠，但是大部分的群众，他们是真的已经没有办法了才来找我们反映问题。我们帮忙解决一件事，他们就会记着我们的好很久很久。所以我现在认为高学历、高智商的人，特别是有志于进政府机关工作的，一定要有跟群众的感情，如果没有这种感情，整天坐在机关里，凭空想象创新点子，走到基层去执行的时候会被群众骂得很惨，最终不仅执行不了，还会因此损害政府在基层的形象。所以我想不折腾群众，一心一意以群众利益出发去发展，是非常准确且很有必要的。

你在产业扶贫方面做了哪些具体的工作？

概括地说主要是引进企业，搞农业产业化，以及建设合作社和扶贫车间。

我经常说，要把脱贫攻坚放到一个大背景里面看。我们中国有七亿农民，首先要让生活在最低生活保障线以下的人尽快赶上农村的平均水平，还有就是要缩小城乡差距。城乡之间显而易见的差距，最主要是收入差距和人居环境的差距，城市里有高楼大厦，有社区居委会，有完整的教育、安全的住房和配套的物业，硬件配套很齐全，整个环境非常干净舒适。乡村的扶贫工作除了要努力提高农民收入，尽量完善基础设施和各种服务配套之外，还有很重要的一点，就是社会稳定。

家庭贫困将会是一系列社会问题的源头。城里人是有工资的，叫财产性收入，可农村人没有。所以我做脱贫攻坚工作就是抓紧两个方面：第一，在抓各种政策落实的基础上，想办法把土地变成资产，使其源源不断地产生收益；第二，想办法让有劳动能力的人实现稳定收入，确保脱贫不返贫。

党中央讲，产业扶贫是最稳定又不返贫的脱贫形式。

土地是农民最大的资源，可是农村的现状却是很多人都不种地了，主要劳动力都外出打工去了。我站在全镇产业规划的角度上，想得更多的是怎么促进大家抱团经营、发展农业，提高农业的抗风险能力，发展一些特色产业。

我们新地镇就是一个工业大镇，能人多，矿产多，交通方便，这是我们的特色，但负面的问题是能找到的劳动力不多。

对于乡村原有的那些贫困户，我们已经施行了许多帮扶措施，帮他们修造好了房子，看病住院报销九成，拿药报销八成，子女上高中有"雨露计划"，上大学也有政策补贴的支持。扶助是扶助，让他们"自己走"才是重点，才能确保扶贫成果。

如果农业不发展，农村家庭的稳定收入就没有保障。要发展农业产业，现有的两个问题急需解决：第一是农业产业没有人做，因为没有技能；第二是没有年轻人愿意回乡来做。年轻人不愿意回来主要是因为他找不到施展才华的空间，如果我们有产业，哪怕收入只能达到城里的一半，都能吸引年轻人回到家乡。

所以要实现乡村振兴这个目标，首先一定要做到产业振兴，为此，我一直在抓农业产业化和特色种养。帮助农民寻找专业技术人才，选择合适的农业品种，引导和鼓励农民搞品种优化升级，支持适度地流转土地进行规模化种植。

龙窝村有个人叫吴家清，原来是做家具厂的，在我们的鼓励下回村搞合作社种鹰嘴桃和蜜柚。开始他只搞了500亩，后来我们不断鼓励他，用实际行动去支持他，只要在政策范围内，我们都会去大力帮助和扶持他们，做好修路等各种基础配套，现在已经做到了1000多亩的规模。我就是通过这样的实际行动对他们进行鼓励和引导，让他们发展农业产业，把分散的小块地都聚集在一起，然后找专业技术人才，选择合适的农业品种。这样给大家传递一种信心，共同抱团对冲农产品风险，这样农业就是有搞头的，农民能增收，贫困户的稳定收入是有希望的。

在鼓励特色种养的同时，我们还引进大企业，把这个工作当成贫困户稳定脱贫不返贫的一个重要手段。

有一个我之前挂点的贫困村，全村有3600多人，贫困户有100来户。我们跟广东温氏集团签订了一份框架合作协议，我带头推进这件事情，现在温氏在这个贫困村自建的养鸡场项目已经投资过亿。

国家发给全镇所有贫困户的大概有1000多万元帮扶资金，我们用这笔钱来建鸡舍，我们把这笔钱叫作"扶贫收益基金"。然后把鸡舍租给企业，由企业来搞养殖。在养殖过程中需要一些技术含量不高的劳动力，我们要求企业将这些工作机会中的相当一部分比例留给我们的贫困户，这些都是长期稳定的务工。

因为使用了帮扶资金，每年贫困户都能得到企业的分红，不管贫困户的家庭情况如何，至少每两三个月他都有钱拿，保证稳定收入，可

孙铁军陪同梧州市农业农村局领导
考察都梅村土地流转基地

以解决贫困户日常基本开销，包括小孩上学等费用。

很多人可能认为脱贫攻坚就是按照总书记的要求实现"两不愁三保障"，两不愁指的是吃喝不愁、穿不愁，三保障指的是住房、教育、医疗有保障。那现在住房、教育、医疗都有政策性的东西来兜底了，我更多考虑的是后续如果这些政策没有了或是逐步减弱的情况下，人们的收入从哪里来？很多没有劳动能力的贫困户怎么办？如何将扶贫工作变成可持续的发展？

农村的贫困家庭有一个很现实的问题，很大一部分都是丈夫在外打工，老婆要照顾小孩就没办法出去。怎么才能让这些留守妇女有工打、有钱赚呢？

我的办法就是做扶贫车间，把东莞电子厂引进到我们这里。

在引进这些企业落地的过程中，我们要帮忙找地、找厂房，协调用电、纳税、补贴，动员贫困户参加工作等等事情。

我们的扶贫车间主要是做电脑三角插头里面的配件，需要先用手工做好，再用热焊机给贴上。像我们这种贫困人口多的乡镇，这些企业是非常愿意来投资的。因为他们来到贫困人口达到一定程度的村，一是有政策补贴，二是有足够的劳动力。市里的人社局局长来看了之后都认为我们扶贫车间在全市范围内吸纳的贫困人口数量都是罕见的。

我们这个扶贫车间中午提供一顿午餐，女工可以在这里吃饭，也可以回家带小孩。而且工资是计时按日结算的，比如今天只想做三个小时，然后早点去接小孩放学，那么我当天就发三个小时的工资。所以当时我考虑最多的就是怎么能让贫困户在能力范围内就近就业。

这个方向现在看是完全正确的。习近平总书记前段时间去宁夏考察，曾特意去了当地的一个扶贫车间，对这个工作高度点赞，说扶贫车间又方便就近就业，又可以照顾家庭，而且可以充分吸纳当地的劳动力，虽然不比城市的打工收入高，但是可以照顾家庭，而且生活成本还挺低的。

事情是好，但我们在推行中还是有很多阻力。很多贫困户对扶贫车间这种新鲜事物不太理解，也不愿意去了解，因为他的视野和脑子跟不上，就想着每年怎么多得一些政策补贴，或是就要在家带小孩，很多人宁可在家做一些插花、钥匙扣的手工活，钱很少的。

人生应有更大的目标 249

那这种情况下村委一定要去尽力动员她们，只要村委一做宣传，起码能有十几个人过来看，看明白了就会回去说扶贫车间好，每个月保底也有一两千块的收入。这笔钱虽然不是很多，但却是稳定的收入，而且是在闲暇之余就能做到的，作为贫困户来说，这还是举足轻重的。

你当了三年乡镇书记，这段跟以往完全不同的生活和经历，一定也给你带来了一些比较深的感触吧？

我经常回想一句话叫"人间正道是沧桑"，这句话真的没错。

这几年我感受最深的是，虽然我并不是从技术岗位出来的，但作为组织部走出来的，政治性一定要摆在第一位，哪怕其他任何都不去考虑，不去追究，但是对于一些刚性的东西必须要去遵守。

到基层后，尽管很多工作都很难推进，但我一点都不躲，有一点尽自己所能去改变一个地方的劲儿。作为新来的书记，想做成事，最简单的办法就是带着大家一起干，果断、敢于承担责任。如果只想着一级一级请示汇报，等着上级来处理，推卸掉自己的责任，风险是小了，但肯定什么事都办不成。

我来了新地镇后工作压力陡然增大，真的是两眼一抹黑，忧心啊，不瞒说，大半年之内我都没怎么敢好好睡觉。

饭要一口一口吃，事情要一点一点做，一步一步地实现改变和发展。比如说，我们原来镇区门口的两栋楼破得要命，我既然来了，就有责任提升我们镇的形象，我就开始找项目、包装策划、找资金，再一步步把它实现。

再比如静脉产业园，我去征地不单单是为了完成任务给领导看，而

孙铁军现场指挥调度207国道进行天然气管道迁线加征土地清表施工

是因为我有一种荣誉感和责任感。那是一个垃圾处理的环保项目，不光是我们镇，甚至关系着全梧州人的生活。有了这个产业园，原有的旧式垃圾填埋场就可以关闭了，所有生活垃圾都放到园区这边来处理，而且还能创造经济效益，园区每年能贡献几个亿的税收。现在产业园建好了，我真的很有成就感。

我经常会一个人去看自己经手完成的项目，比如说我到村里看到新建好的桥，上面标明着施工单位、监理单位、建成年份时间，如果这座桥是我任上建成的，就会感觉很有成就感，这种实实在在的幸福是以往人生中从未有过的，更不是从前在科室里工作能得到的。

在基层的这三年，我感觉还是很有收获的。现在我对基层工作很有信心，因为我知道这下面这些项目全部的操作流程，大概的实践经验，堵点在哪里。很多麻烦、解决不了的问题首先都必须知道堵在哪里，把堵点、痛点解决了以后，事情才能顺畅。某些东西不单单是靠思想教育

人生应有更大的目标　251

孙铁军到大村村慰问疫情防控一线工作人员

能过来的,通常是需要领导抓几个典型,形成规范化、制度化的东西,就能解决。

你很有理科生的特点,愿意实实在在地做事儿,喜欢解决具体的问题。

我在工作中还经常需要应对灾情。我们这里的地势挺特殊的,为了保护农田,当地人一般都不在平地上建房,而是找小山丘,从中间把小山丘劈开后建房,所以好多房屋背后都是峭壁。只要一下了大雨再等到太阳一出来晒一天,房屋背后的土就会变得非常松散,再到降雨土就会冲下来,很容易造成大面积塌方事故。所以一到汛期,我们每天晚上都要不停监控,不停巡逻,拿着手电穿着雨衣去挨家挨户动员老人搬家躲灾,去村里专门用于预防地灾的空置房子住。那些老人很不愿意的,怎么说都不肯离开自己的屋子，这种时候说服动员都没用，也没这个时间。

我们对地质灾害的防控、预警一直很重视，只要是降雨量达到黄色或者橙色预警的，我们所有的村干部跟镇干部都要到各个村地灾隐患点，不由分说，把那些老头、老太太强制搬离到安置点，这么做确实是把群众的安危放在第一位的。我的想法就是宁可让你此刻骂我，也要强制把你搬走，不想后面看到你哭。

听说你最近有机会重新回到机关工作，但你却更愿意继续留在基层？

是的，如果能让我选择的话，我更愿意继续在基层一步一步地扎扎实实走下去。

我们这样高学历、有专业知识的人在基层是很有用的，至少可以让老百姓多收益，少被坑。

曾经有个商人打着农业厅支持的名义，想来镇上谈合作生产红心火龙果的项目，让我们拿出500亩地给他，每亩地从他手里买600株种苗，然后交给他来管理运营，但是丰果后不管卖，也不管冷链运输，全由镇上负责，他不但不投资，还要占30%的股份从收益中分成。

因为火龙果非常高产，几乎每个月就能采摘一次，而且收购价也高，这个人又会忽悠，不仅打着上级单位的旗号，还拿出科研报告来说明已经申请到国家重点课题了，一般不懂的人很容易上当。可惜他碰上了我这个学农出身的博士，一眼就看出这其中有问题，那个所谓的科研报告其实只是一个自己写的课题报告，连课题申请号都没有，说明根本就没有被批准过。

孙铁军到都梅村开展植树活动　　孙铁军在圩镇开展扫黑除恶宣传工作

不管什么来头，我都要坚决把他顶回去，绝不跟这种"坑农"的项目沾边。

接下来，我还想要完成更多的工作，想好好抓一抓的就是教育。农村要想有希望，必须认真抓教育。如果能再给镇里搞成功一个初中的话，我感觉我在基层的工作才能算功德圆满。

做教育是千秋万代的，教育真的太重要了。现在整个新地镇小学不少，但中学就只有三个，无论是校舍还是教学力量都不够，最大的难点就是缺老师。老师配套的工资跟待遇是在镇里政府的预算里的，所以我一直在考虑怎么才能留住老师。按照我的设想，如果要乡村振兴，在农村教书的老师，工资最少要提高一倍。一个初中几十个老师，一倍的工资增量，相比较城区里一年的民生投入，这点支出不算什么。

教育是一个长期的投资，不会在官员任期里体现出政绩。但是我们做领导的一定要考虑到后代，这是国家和民族的长远利益，和我们自己的利益挂不挂钩不重要，这就是总书记讲的"功成不必在我、功成必定有我"。

❋　　❋　　❋

孙铁军在谈到未来的设想时，眼睛里是放着光的。

他今年才 34 岁，许多大城市里跟他年纪相仿的年轻人，多半穿梭在各种写字楼、格子间，为个人的前途全力打拼，而他却在远离故乡的遥远南方，担任起了一个大镇的"一把手"，操心着全镇八九万人的福祉。

并无高低优劣对比，这只是不同的人生选择，是经历过程的不同和自我价值感的迥异。这一届年轻人，他们的奋斗和梦想，都是带着自身鲜明的烙印的，他们所承担的压力和责任也是前所未有的。人生之路无论何种选择，其间都会品尝到各种酸甜苦辣人生百味，滋味各异，点滴在心。

关键是清楚自己最想要什么，只要是在自己想要选择的道路上，奔跑本身已是幸福。

于 洋

要挑战就挑最穷村

　　于洋，1988年出生于河南，2014年毕业于清华大学法学院，中共党员，硕士，考取定向选调生后被分配在广西壮族自治区财政厅工作，主动申请下基层挂职第一书记，用三年的时间亲手帮一个全广西最穷的贫困村脱贫摘帽。

听说你刚读研究生就对当定向选调生产生了强烈的兴趣，采访过很多人。很少有像你这样目标清晰、准备充分的。

应该说，早在关注到定向选调生政策之前，我就对去基层工作有了强烈的意向。上本科时，每个寒暑假我都会和同学一起带着这方面的课题去全国各地做调研，去过好多省市，接触多了，就潜移默化地受到了影响，觉得将来如果能做这方面工作挺好的。我从小到大都做学生干部，感觉人生的价值就是能为大家多服务、多做事，能被大家认可。

定向选调生政策第一年时只在清华和北大试点，我很感兴趣，很向往，有针对性地做了很多准备。2012年，我跟着几个师兄一起发起成立了"清华大学学生基层部门发展研究会"，最高峰时有500多人，在清华可能是最大的学生社团了。我是学会骨干、研究部部长，利用这个平台主动联络了一些以往去全国各地基层部门工作的清华校友，搭建起一个桥梁，让他们和学校建立起一个良好的沟通关系，使得学校更加直接地了解这些学生的发展情况。在此基础上，我们编印了《清华大学基层公共部门发展的毕业生名录》，通过这些名录信息，又配套整理出了《清华大学基层工作校友情况分析》。那些在基层的校友对这个活动非常欢迎和支持，觉得学校关注到他们了。

毕业那年有很多省市来清华招定向选调生，包括江浙一带的，很多地方给的政策都很好，但我只考虑了广西。上学做调研时我不止一次到过广西，前后去过七八个地级市，接触次数多，时间长，印象和感情越来越深，加上学校也一直鼓励我们毕业后去边疆、去西部，所以就没考虑其他地方，第一个报名签约了广西，最终被分配到了自治区的财政厅。

签约完了我才告诉家里，算是先斩后奏吧。父母一开始有点不乐意，特别是我妈妈，觉得广西离家太远。按她的理想，我要么留北京，要么回家离她近一点。但我说已经签约了，不能毁约，他们也就算了，说随便你吧，想去哪里就去吧。

你在参加工作之初好像很顺利地就适应了工作内容和环境？

我很幸运，遇到了好的领导和好的工作环境。

我一参加工作就被分到财政厅的企业处。一般对我这样刚参加工作的新人，总要有一个试用期。可是处长一上来就让我挑重担，先让我写材料，凡是涉及我们处的材料，无论是内部的，对外交流协助的，还是与其他处室之间的公文往来，包括一些领导的讲话稿，全都让我来写，不久之后又把铁路、公路和机场这一块的业务交给我负责，有什么不懂的就去问，不管是问同事还是处长、副处长，大家都愿意无保留地教我。通过在实战中学习，我对分管的业务掌握了解得很快，领导对我的表现很满意，夸我上手快、能力强、任劳任怨。另外我还担任处里党支部的宣传委员，除了正常负责的业务之外，还要撰写很多党建材料，任务量很大，加班特别多，但同时也得到了很好的锻炼，让自己从一个刚出校门的青年学生，很快成长为了相对成熟的机关干部、业务骨干。

参加工作的前四年，我先后在企业处和新成立的资产管理处工作，两个都是特别重要的业务部门，都承担一个重要的任务，负责国有企业改革改制以及对历史遗留问题的处理。这个工作极为复杂和困难，有各种信访件需要马上处理，接待量是全财政厅最大的。要及时回复信访件，解释清楚政策的内容，如果是来人，更要热情接待，当面和他把事情说清楚。一旦发现其中的确存在着应有待遇没被保障的情况，就要联合人事等相关的厅局一起开会讨论，适当出台相应的办法，来保障这部分人和单位的权益，该纠正的纠正，该补发的补发，哪怕是不合理的要求，不符合国家政策，也要向对方解释清楚。这一块的工作量很大，我每天上班连上厕所都是连跑带走的。

你是厅里的业务骨干，怎么又下去当了驻村第一书记呢？

因为财政厅承接非常重的对口扶贫任务，需要派出强有力的扶贫干部，而我本人也早就有到基层锻炼和提升自己的想法，当初选调广西的初衷就是扎根基层、服务人民。

这次扶贫攻坚战是全社会一起参与，每个省市级单位都有对贫困地区对口帮扶的任务，自身条件越好，能力越强，承担的任务就越艰巨。我们财政厅对口帮扶的是百色市的凌云县，从2014年开始下派第一书记，直接负责那里六个贫困村的脱贫任务。其中有一个后龙村，村民以瑶族为主，位于云雾缭绕的大山顶部，穷得远近闻名，无水、无田、无路，全村一共480户，通过精准识别，建档立卡的贫困户有411户，贫困发生率高达89.82%，就是说全村将近九成是贫困户，贫困程度之深在全自治区绝对位于最前列。在厅里上班的时候，我曾经跟着单位一起来过这里，看到的景象让我非常震惊，那真是：有山高路险、家居云雾之间者，有家徒四壁、房屋四处漏风者，有顿顿野菜下饭、鲜有肉吃者，有孩子十多人、出门无整齐衣冠者，有男子五十九岁尚未娶妻者……我是在北方平原地区长大的，真没见过如此贫困的情形，听也没听过，不禁萌生了满腔的热情和憧憬，希望自己能亲手去帮助到这几百户人，改变他们的生活和命运。

到了2018年，自治区党委组织部选派新一批第一书记，我立刻报了名，主动要求去后龙村。很多人都说我是在自讨苦吃，但这就是我的性子，就是想干事，要是一个地方已经条件非常好，都已经搞好了，我还去干吗？没有挑战性，那有什么意思？所以既然要去，那就去一个挑战大一点的村。后龙村的贫困程度在百色算第一了，全自治区也差不多要排第一了，那好，我就挑这个地方挑战！

你真是一个勇挑重担的人，在财政厅时负责难度大的业务，下去扶贫当第一书记又去扶贫攻坚任务最重的后龙村，全都是难啃的硬骨头。

后龙村的自然条件的确是太恶劣了，缺水缺地，人均耕地才0.36亩，全村没有任何水田，村民的生产、生活用水全靠水柜储存雨水。我接手时，财政厅已经在村里进行了大量的投入，上一任的第一书记工作卓有成效，实现脱贫176户，我的任务就是在这个基础上继续向前冲锋，不管还剩多少都要在限期内全部完成。

财政厅的领导对我们这些驻村扶贫干部十分关心，对我们的工作大力支持，几乎每个月都会有厅级领导下到村里来实地指导，解决实际困难。凌云县更是重视，给每个贫困村都安排了一个县直机关做后援单

于洋帮助群众进行危房改造

位,因为后龙村极度贫困,不仅县委书记亲自挂点,还专门成立了综合治理精准脱贫联合协作小组,进行了大量的投入,光用于修路、建水库、建房、危房改造、建学校教学楼这些基础建设方面的投入就有两千多万元。在村里面干第一书记,我不是一个人在战斗,是有这么多的强力支撑当后盾,更有全社会上下联动的巨大力量,所以尽管脱贫攻坚的任务艰巨,但我真的很有信心。

上任后的前两个月,我就干了一件事,遍访全村400多户,每家每户都反复去,通过这种方式去找准村情、民情,找到让这个极度贫困村更快发展起来的办法,尽最大的努力去解决村里的困难,能多做一点就多做一点。

村里什么都缺，为了能让村里早日改变面貌，多得实惠，我到处"乞讨"，抓住一切机会为村里要东西。每次到上级机关办事，我都争取不白来。我事先做过功课，不是盲目地讨要，要么知道他们肯定有，要么求的事情是在他们业务范围之内，大家又都知道我们村全县最穷，愿意支持我的工作。所以要东西的成功率挺高的，村里各处的大小垃圾桶、路灯什么的，都是我从各处要来的。包括村部的办公设备，我从各个单位前后要来五套最新型号的电脑设备。脱贫攻坚工作到了冲刺阶段，有大量的整理材料工作要做，没有设备可不行。

刚去村里当第一书记时，村里的通信条件很差。我住在村部，想打电话必须四处走动找信号。如今的时代，没有通信几乎什么事也做不成，我就开始琢磨怎么才能帮村里建一个基站。财政厅是村里的后援单位，在基础建设方面投资非常大，但这件事我却没找厅里。我研究过相关业务，知道建基站是很专业的事情，不是光出钱就行了，要找专业人士来做。所以就先去找了县里中国移动的老总打听这里的门道，千方百计让他们把给村里建基站的事纳入项目库，层层上报给自治区的总公司，然后我再向财政厅的领导汇报，请他们出面去沟通协调，促使总公司尽快批准这个项目。就这样前前后后地追，一关一关地盯着，用了半年的时间，终于把基站建起来了，现在村里 4G 信号满格，连隔壁村都跟着一起受益。

干了三年扶贫工作，县里各个单位现在都怕了我这个"乞讨书记"，一看见我来就喊，"后龙的于书记又来了！又来要东西了"！但我才不管这些呢，能多要就多要，反正一切都是为了村里的扶贫工作，不是为了自己，所以厚脸皮时一点都不心虚。

你这个"乞讨书记"最满意的是给村里做成了哪个项目？

最欣慰的是给村里的小学建成了教学楼和宿舍楼。

我在村里遍访贫困户时，一再感受到村民对教育的渴望。高坡屯有一个群众，我每次去都看到他在读报纸，全都是一些过期的，可他还是要看，想通过看报纸了解外面的事。他跟我说了一句特别形象的话："于书记啊，没有文化苦得很，就好比盲人走夜路。"这句话让我印象太深刻了，真没想到一个没连小学都没读完的群众能说出这么通俗又深刻的话来。

还有一个贫困户，家里好几个孩子，有上大学的，有上中专、职校的，他跟我说，"穷不读书，穷根难断除"。他家里的墙上写满了激励孩子的话：努力读书，改变命运，发展未来。

这两个故事让我印象特别深，我自己就是一路读书过来的，自然知道教育的重要性。群众对文化知识这么渴望对我触动很大，更加理解了习近平总书记和李克强总理为什么一再强调，对特别贫困地区和特殊贫困群体一定要加大攻坚力度，尤其是要用好教育扶贫，这才是阻断贫困代际传递的治本之策。确实是这样，越穷的地方越要抓教育，一个家庭只要培养出一个大学生，往往就能影响和改变一代人甚至几代人的命运。

我当第一书记后曾经回清华参加过一个会议，经过一所特别有名的小学，看见一个三四年级的小姑娘正从校门放学出来，拉着一个拉杆箱的书包，哼着歌，脸上洋溢着笑容，特别漂亮，我忍不住用手机照了一张照片，事后反复看，情不自禁地联想到后龙村的小学和幼儿园，心中非常感慨。我们村的孩子，受教育的条件没有这么好，幼儿园是一个

于洋到后龙村新建幼儿园了解学生学习情况

老旧的房子，里面三个小屋，一个小屋一个班，条件非常简陋，教学游戏的用具也跟北京完全没法比。学校的住宿条件更不用说了，每间宿舍最起码要睡 50 个人，甚至两个孩子睡一张床，夏天那么热，看着真心酸。餐厅其实就是一个简易的大棚子，没有围墙，四面漏风，冬天打饭的时候，第一拨孩子都吃完了，最后一拨孩子可能还没打上，饭都凉了。还有学校的教学楼，只能满足基本的教学需求，满足不了音乐、美术、科学实验这样的教学要求。

我以前一直在大城市里生活，上大学在北京，参加工作后在省会城市，没有在村里待过，从没体会过这之间的差距，所以受到的冲击特别大，想要改变这一情况的冲动也特别强烈。当时我就下了决心，回去之后不管想什么办法，也一定要把村里的教育搞上去，至少要让学校和幼儿园的硬件设施全都得到根本性的改善。

我首先向财政厅求援。厅里有领导到村里来做调研，哪怕行程上原先并没有去学校这一项，我看只要时间还能有点空档，就会强烈建议领导去学校看一看。厅领导自然就明白了我的意图，鼓励我提出想法，他们一定尽量帮忙解决。最终财政厅出资了230万元，为学校新建了一栋教学综合楼。

但是学校需要改善的地方太多，不能只靠财政厅一家的力量，还要进一步发挥全社会的力量。现在每个贫困县都有全国各地不同的单位搞对口帮扶，在凌云县对口帮扶的是深圳的盐田区，他们有一个干部在我们这里挂职县委常委、副县长，我就不断地去向他汇报，带他去实地看，让他认可了我的想法，帮我们从深圳那边争取到了对口扶贫资金，建起了小学的宿舍楼，重建了幼儿园。然后，我又去找了南宁的一个企业，专门捐赠了一些新的教学课桌椅，日常放书包的那些柜子，还有一些简单的玩具。这些通过物流发到了县城，我带着村两委的干部和工作队员，开了一辆皮卡车给拉回来，在学校里当场组装好。

现在村里小学的条件已经变得很好了，学生们除了有校服，还有伙食补助和住宿补助，盐田区给每个学生一年发生活补助800元，成绩好的学生还有奖学金，小学一年1000元，高中一年2000元，如果考上了大学，标准会再提高。

村里有一个男孩，家里是特困户，父母有残疾，我找了一个校友对他进行资助。另外还有一家人，有4个孩子读书，大孩子在广西民族师范学院读大三，这在村里就是标杆了，二女儿在上高一，还有2个上初三，4个孩子成绩都还不错，家里人说再苦再难也要支持孩子读书。我就先资助上高中的老二，又找到南宁的一个朋友资助另外两个上初三的。开始只是零星地资助，一次性给个千百块钱，后来形成了长期资助的机制，每年对这两个孩子定向资助，一直资助到大学毕业。

我当了三年第一书记，每年都在村部公开召开优秀学生奖励大会，不仅奖励在读的大学生，还通过学校的择优推荐，奖励小学、初中、高中的优秀学生，每年奖励将近80人。本科生奖励1200元，大专生奖励1000元，高中生奖励500元，初中生和小学生奖励400元，让学生代表在会上发言，力争在全村开创一种重视教育的新民风，人人都以读书为荣。

这些做法已经在村里产生了很好的效果，对群众的触动很大，私下里都在议论，现在真是读书的好时候，不仅自己不花钱，国家还给学校这么多钱，建得这么好，连村里都给这么多钱，以后一定要让孩子好好读书。

在这次扶贫攻坚中有一个很重要的措施，对一些自然环境过于恶劣、一方水土无法养活一方人的地方，实施"易地搬迁"，但在实施的过程中很多地方群众的思想工作特别难做，推进的难度超乎想象。这究竟是什么原因？你在后龙村有过类似的经历吗？

易地搬迁确实是我经历过难度最大的扶贫工作。刚开始我也不理解，这个事明明这么好，可以让贫困户得利受惠这么多，为什么大家还不愿意接受呢？山上那么不方便，县城的安置房条件这么好，只需要自己掏一万块就可以住上，可那些瑶族村民就是不愿意搬，宁可在山上待着。

后来，我通过大量走访，和村民们交流，慢慢地理解了他们，归纳下来他们主要有三个方面的担忧：

于洋在村里走访，碰上老乡家的两只小狗。

第一个，是对生活方式转变的恐惧。瑶族祖祖辈辈在山上生活了几百年，虽然这里荒凉偏僻，条件艰苦恶劣，但人身安全可以得到保证，形成了某种自我认知，虽然贫困，但是自我感觉良好。反正大家都穷，别人家也没比我好哪儿去，大家都一样，谁也不嫌弃谁。现在让他们下山搬到县城去，不是纯瑶族聚居了，而是分散开跟别的民族混居，夹杂着汉族、壮族等，他们一怕跟人家合不来，二来觉得自己文化低见识少，害怕人家欺负他们。这就有点像是历史上那种人口大迁徙一样，虽然只是下山搬去县城，仍然在同一个县里，没有从一个省搬去另外一个省那么远，但对他们来说依然是生活方式上的一个巨大的转变，所以他们有恐惧感是完全可以理解的。

第二个，是对生活成本的考虑。他们原来生活在山上，条件虽然艰苦，但生活成本很低，自己种点菜，种点玉米，什么都不用买，不用花钱，生活虽差，照样可以喝点自家酿的土酒，唱唱山歌，日子过得去。

可如果下山到了县城里生活，什么都得花钱买，一小捆青菜也得五块，什么都挺贵，生活成本太高了。于是他们就会担心、害怕，一时觉得承受不了，不知道该怎么办。

第三个，根据我们现行的政策，易地扶贫搬迁之后要拆旧房，目的是复耕复垦。村民那些旧房子，风雨飘摇，外面下大雨屋里下小雨，可是再破旧的房子，也是祖上留下的，是自家祖祖辈辈生活的地方，一说起来就是我爸爸、我爸爸的爸爸都生在这里，是有感情的，甚至是精神寄托，那也是他们的乡愁。你把这个给他们拆了，他们会觉得伤感情，为了这个也不愿意搬。

第一次听到有人能把这个现象解释得这么清楚明白，看来你确实没少在村民那里下功夫。最终你们是如何完成搬迁任务的？

先站在他们的角度想，理解他们的合理性，搞清楚关键问题所在，接下来再有针对性地想办法，慢慢做工作，慢慢地去化解这些问题。

易地搬迁这事有一个特点，往往越穷、条件越差的，反而越是不愿意搬出来的。我们村最难啃的一块是最偏远的一个屯，在山顶上，我遍访全村时见到一家有 11 个孩子的就在那里。按照政策，全屯共有 27 户需要易地搬迁，但到我接手时，一户都不肯搬出来，签约数为零。谁去谈全都碰壁，好说歹说都不答应。但我不灰心，不相信是铁板一块，一定能找到突破口，最终让我在屯里出去打工的人中找到了做工作的对象。

有一个党员，夫妻俩都在县城打工，把孩子也带到了县城上学，在县城租房住。我就拿他当突破口，不断地去找他谈，给他算账：你看现在政府提供的县城这套安置房，只需要你出一万块，家里四口人，等于人均两千五百元就可以得到一套县城的安置房，要知道那里的商品房要三千多元一平方米呢，等于自己才出一万元，就可以得到价值三四十万元的房子，以后还不用租房子交房租了，不仅孩子上学方便，你们自己也不用再山上山下来回跑，可以安心在这里打工赚更多的钱，这怎么不好呢？

他的工作终于让我做通了，不仅第一个签下了易地搬迁的承诺书，还配合我一起在村里当宣传员，跟其他村民现身说法讲他自己搬到县城后的种种好处：住了几个月，各方面感觉都挺好的，生活方便，看病也方便。原来在村里，家里要是有人病了，需要看病得找车，车子也只能上到半路，再往上车上不去了，还得靠人走山路从山上往下背，要是遇上半夜，找人帮忙都找不到。可是住到县城里，十分钟到县医院。小孩上学就在县城的学校，学校好，送过去放心。住在县城里，打工赚钱也方便，生活质量整个提高了一个档次。

那些村民，有时候我跟他们说破嘴皮都未必听进去，可现在是同一个屯一起生活了几十年的人来讲，效果就完全不一样了，他们会去听，听了也愿意信，我们说一百遍不如他说一句，这就是榜样的力量。

光让大家都愿意听了还不够，我们还组织村民去实地参观搬迁安置点，所谓"百闻不如一见"，到了那里一看，崭新的楼房，宽敞明亮，设施齐全，他们原来的房子简直不能比。亲眼看到同村人的新家和新生活后，终于有人心动了，我们就趁热打铁，鼓励他们勇敢尝试，抽签选房。这样一通操作之后，又有三五户愿意一起下来了。

别看只有这三五户，带动作用是很明显的。这三五户搬出来住了一阵后都说好，回到村里一说，接下来又有十多户也跟着下来了。等大

于洋走访慰问村内贫困群众

多数人搬出来后，剩下的少数几户反而慌了，觉得被剩下了。原来是大家拧成一股绳，铁板一块，怎么说都说不动，可一旦有了突破口，有了连环效应后，工作反而就好做了。最终我们用了一年多的时间，彻底地把这个屯易地搬迁的事给办成了，全屯符合搬迁条件的一共27户，全部都实现出钱选房了，其中有18户已经搬出来，住上了县城的新房子了，剩下的也都在装修准备搬呢。凡是家中有年轻劳动力的，政府都会帮他在住地附近安排一个工作，保证他们可以自食其力，有稳定的生活。

易地搬迁工作完成后，原来的屯里还剩下几户老人户，五保户，全都是老弱病残，没有劳动力，不符合搬迁政策，本人也不愿意搬去县城，但又不能把他们就留在原来的屯子里不管，我们就在村部所在的核心村找了一块合适的地方盖了一栋楼，类似于村里的养老院，把他们接过来就地安置，方便照顾。

我当了三年的驻村扶贫干部，有个很深的体会：做基层工作，提高与人打交道的能力真是太重要了，做群众工作是要讲究方式方法的，光有好心好的初衷不够，方法不当有时候会适得其反。说话也要讲究技巧，同样是宣传政策，怎么才能让人家明白，这才是最重要的。反正不能太腼腆，又不能太刻板，要让群众愿意跟你聊天。我是学法律的，算是严谨的人，但在村里工作就必须要有所改变，跟村民之间都是称兄道弟的。只有让村民觉得你说话"接地气"，有意思，他们才会愿意交流。这其实也正是我们这些扶贫干部的意义，党和政府有很好的政策，真的是对百姓有利的，可是百姓不理解，就得我们来做工作，把政策解说得很通俗，人家才会听，才会往心里去，才能理解，工作也才能做得通。我们挨家挨户劝说，光跑腿不行，话说不到点子上，去十回也没用。

在当第一书记期间，除了动员搬迁这件事之外，还有什么难事吗？

如果说动员搬迁是第一难，那发展产业就是第二难了。这个难不是群众不配合、难打交道的那种难，而是客观条件的难。后龙村的客观条件太差了，人均耕地少，吃水靠雨水，全是石漠化的大石山，什么都种不成。

我天天想着都能因地制宜发展什么产业，最后还是从群众那里获取了灵感。

2018年底，有一次我看见一个村民背个背篓，里面装着刚采的野生山豆根苗，他告诉我这是一种清热解暑的药材，打算回家移栽。不用晒干，湿着就能卖36元一斤，就是野生的不好找，他们夫妻俩有经验，知道翻过哪座山去找，一周就收入了5000多块。我听说这种东西很好卖，这么值钱，马上敏感地意识到也许是一项值得在全村推广的产业，就跟他要了几个种苗，回到村部去试种，果然成活了。然后我就去请教县林业局的专家，他们证实我们那里石质化的土壤完全具备生长山豆根的条件。这样我就正式向县、镇的领导汇报，很快得到了领导的大力支持。回到村里，我就开始在群众中进行推广宣传，大家的意愿非常高，纷纷上报各家自愿试种的面积，当年就在全村试种了400亩。我们负责去采购种苗，发放给愿意种植的群众，组织技术人员来村里上课，培训群众如何进行种植管理，取得了很好的效果。第二年又有一些群众自愿加入到了种植山豆根的行列中，又增种了350亩，这样全村就有750亩种植山豆根，从无到有地发展成了一个前景很不错的扶贫产业。

我们凌云县在发展扶贫产业时主打四大产品，推广种植茶叶、油茶和种桑养蚕，还有养鸡，号称"三张叶子一只鸡"。可是，明明知道很多地方的第一书记都在大力发展"三张叶子"，可我只能干着急。我这里没有地，没办法发展。都知道种桑养蚕产业好，有前景，可是我这里就是无法形成规模，连种桑的地都没有。所以，给我剩下的只有一条路，那就是养鸡。凌云乌鸡是国家地理标志保护产品，很受市场欢迎，我就在这方面多下功夫，大力倡导，号召全村家家户户都来养鸡。

2020年初，为了有效应对疫情的影响，确保群众尽快地复工复产，落实总书记的指示，在打好疫情防控战的同时确保脱贫攻坚有序推进，我们开始推广一种新的大规模养殖模式。凌云县有个农业投资开发公司，自己有基地，有鸡苗，我们联系他们来和群众签订购销协议，只要贫困群众自己有养殖的意愿，保证每户至少提供100只鸡苗。鸡苗本身都是已经养殖了60天以上的，脱过瘟，成活率相对较高，每只1.5斤左右，成本价在25元。农投公司答应以每斤15元的保底价格回收，解除群众担心将来养了鸡没有销路的后顾之忧，同时还有补充协议，如果到时候市场价高于15元，群众可以自己去卖。另外，每只25元的成本价也不用群众自己支付，国家在这方面有相关的产业奖补政策，原来的标准是一只鸡奖补30元，2020年为了应对疫情，鼓励复工复产，奖补标准又有了挺大的提高，一只鸡的奖补大概能拿到45块。也就是说，扣除了25元的成本后，农民养鸡不仅不用提前垫付任何成本，每养一只还得到5元—20元的奖补资金。一般每户农民养100只，扣除鸡苗成本后，每户能得到500元—2000元的奖补资金。养上三四个月，到了能上市的时候，又有报价回购兜底，行情好就自己去卖大赚，行情不好就卖给农投保底收购小赚，总之是收益绝对有保障的。

今年的养鸡行情非常好，市场价在25元一斤，农民都自己去卖，收入很高。

听说为了确保养鸡产业实实在在地得到发展，确保农民得到实惠和好处，你还亲自动手养鸡？

有这么回事。当时全村扩大养殖规模，第一批下发了2万羽的鸡苗，后续还会再发，这样一来全村养鸡的数量一下子就大了很多，我特别担心在养殖过程中出现疾病等不可控的因素，那样损失就太大了。我们村的海拔较高，鸡苗来了之后到底能不能适应，容不容易生病，容易生什么病，大家全都心里没数。于是我就想了个办法，在村部外建了一个简单的鸡舍，自己养了 20 来只鸡作为观测点，在这个过程中我养的鸡还真有生病的，闹肚子、感冒那种，我就找药喂它们吃，看哪种药有效，再及时告诉农户，确保对全局的情况能有预判，不至于手忙脚乱。

养鸡这个产业真的挺好的，除了养大了能卖之外，在这个过程中它还下蛋，母鸡养上三四个月后就开始下蛋了。这种土鸡蛋别看个头小，在市场上特别受欢迎，拿到县城一只最高能卖 2 块钱，也是挺好的收入。

发展产业真的是很困难的，只能慢慢在摸索中前进。在财政厅的帮扶下，村里除了养鸡，还建成了一个养猪基地，同时我还在全村推广发展庭院经济。因为全村可供种植的地实在是太少了，所以我才想到要充分利用各家各户的房前屋后，只要有哪怕一小块地，我们也要种上牛心李、枇杷等经济作物，经济作物每年都能挂果，这样农户就有了持续增收的能力。

后龙村不像其他地方是土山，有山有河，只要有资金和技术投入，什么产业都能发展起来，我们只能各种因地制宜，在逆境中求发展，力争达到经济学上所说的帕累托最优。

发展养殖业大概只能占到村民收入的 35%，最主要的增收手段还是靠引导村民外出务工，外出务工的收入要占到 60% 多。国家为了扶贫，除了产业奖补之外，还有劳务奖补，鼓励外出务工，只要每年连续外出务工 6 个月，每个月的收入不低于 2000 元，国家就每人每月奖励 200 元，全年共计 2400 元。

我们在这方面做的主要工作就是加强外出人员的技能培训。现在用工单位对技能的要求高了，有证书没证书的，工资相差挺大的。所以，我们就先了解有多少外出务工的需求，然后跟人社部门沟通，提前对务工群众做有针对性的培训。把专业的老师请到村里来做电工、砌墙工这方面的培训。对于想学烹饪的，我们会先在村里统计好共有多少人，然后送到县城做集中培训。只要人社部门的考试合格了，拿到证书了，出去后工资至少可以翻倍。

后龙村的村民去外地务工，主要是去广东，特别是深圳那边。精准扶贫很重要的一个措施是搞全国的对口帮扶，凌云是深圳负责对口帮扶，劳务输出的渠道有保证。另外就是在广西本地，比如南宁武鸣区那边有大片的香蕉园，需要大量用工，我们村有很多人都在那里打工。

经过几年的努力，现在后龙村的贫困面貌已经有了彻底的改变，全村顺利地脱贫出列，人均收入也有了大幅度提高，2019年底的时候达到了10400元。

真是很难想象，你究竟把工作做到了怎样的细致和扎实，才能让一个极度贫困村发生如此了不起的变化，难怪你现在是全村最受欢迎的人，无论走到哪里，群众对你都特别热情。

他们确实对我太好了，让我特别感动。平时年轻人大多外出打工，村里主要是老人和孩子，他们全都认识我，每次见面，老人们都会直接叫我书记，孩子们会在后面追着喊"叔叔好"，很多人要拉我去家里吃饭，不去吃都不行，可我工作忙，吃不过来，搞得很多时候一定要刻意绕开。

有一次我去一家了解危房改造的情况，走的时候他就坚持拉着我不让走，一定要在他家吃饭，我说这才4点怎么就吃晚饭，他说你都到我家三回了，一次都没在我家吃过饭，今天必须留下来吃饭。我说还要去其他几家去了解危房改造情况，他说行，你可以去，但是晚餐必须回到我家吃，我都准备好了，忙完之后你必须来我家吃饭。看着他那么热情，我实在没办法拒绝，只好答应忙完后一定来。那天忙完之后，我去村里面的小卖部买了点饮料带过去，他炖了土鸡，准备了腊猪脚，这可是瑶族群众招待最尊贵客人才上的好菜，还有自己种的青菜，自己家酿的玉米酒、土茅台，我当时真的鼻子都酸了，群众对我简直是太热情了。那种土茅台我虽然喝不习惯，但那天我好好地陪他喝了几杯。

村子里的这些点点滴滴，是支持我再苦再累也要干下去的动力。

我在村里干扶贫工作一天下来虽然疲惫辛苦，但只要是投入到工作中，马上就又精神满满的，是村里群众对我的认可和信任才给了我这样的动力。他们对我是真的信任，不管有什么困难，他们都相信于书记可以帮忙解决，把我看成了这样的人。一想到这些期盼、信任的眼神，我根本就停不下来，再辛苦都觉得值。我肩负着太多的信任，也就肩负了太多的责任。人跟人就是这样，别人对你信任到了一定的程度，不用别人给你加压，你自己就会不断地自己加压。不能辜负这份信任，无论如何也要把事情做得更好一些。

于洋在村里做饭

三年前,在还没有形成此次的采访写作计划时,我们就曾经接触过于洋,那时他刚开始下村挂职,还是一副白净斯文的年轻机关干部模样。等到正式采访时再见面,却发现他已变得皮肤黝黑,气质纯朴,粗硬的短发里更夹杂着星星点点的白发,跟他的年纪有点不相称,由此可见,这些年他为扶贫攻坚付出了多少辛劳。

　　于洋在回顾这一切时没有任何的后悔,谈吐中始终充满了理想的热情,他说:"我对自己的选择一点没有后悔,这三年的日子过得挺充实。每天做的是自己喜欢的事情,虽然辛苦,但是开心。人活着总要追求一点小理想。在全中国彻底消除绝对贫困,这是几千年都没有过的大举措,我能赶上这样的历史机遇简直太幸运了,到了有孙子那一天,我能自豪地说,你爷爷当初干过这样一件事情,给人生增添了永远的荣耀……"

后　记

　　这部书稿从开始策划选题到最后成书出版，历经三年，中间还跨越了史无前例的新冠肺炎疫情。

　　在这一过程中，我们反复南下广西，足迹几乎遍及了广西的所有地级市，我们一向热爱旅行，但从来没有过把中国的哪一个省区市如此地走透。

　　"定向"即特定学校。由于定向选调生这一政策最初只在北京大学和清华大学试点选招，所以最早的选调生大都来自这两个学校。他们中的一些人最早选择下到基层工作，那时还没有后来大规模的精准扶贫，他们经历的正是基层扶贫工作中条件最艰苦的阶段，真正是"筚路蓝缕，以启山林"，他们经历的奋斗中的艰辛和对信念的考验更为典型和突出。这成为本书采访对象中清华、北大毕业生比例较大的主要原因。

　　如今，定向选调生政策早已扩大适用到了大部分985院校，已经有更多高学历的青年人加入到了这一队伍中。

　　我们试图尽量完整真实地还原和呈现出定向选调生们在基层的奋斗历程和人物风采，于是采用了访谈对话的形式进行写作。

　　这次采访完全不同于我们以往所做的任何一次访谈，很多体验深刻、奇妙而有趣。

我们在访谈中，跟每一个受访对象都问过一些近乎同样的问题，比如"当初是怎么来广西的？""为什么选择下基层？怎么到乡（村）里的？""你从刚到广西到下乡之间做的什么工作？情况如何？""你下乡之后所做的第一项工作是什么？你是怎么打开局面的？""在乡村工作给你这个人带来了什么样的变化？"等等。奇妙的是，我们收获的是迥然不同、色彩各异的有趣故事。

他们有着相同的教育经历，相同的身份背景，相同的志趣，他们很多人是同一批来广西的，乘坐的同一列火车，还有一些人原本在学校里就相识甚至是朋友，可以想见，当初那一个车厢里有多热闹……

此外，在访谈过程中，很多问题我们也都得到了相同或相似的答案。首先，所有接受访谈的定向选调生无一例外都是主动报名来广西的，无一例外都是主动要求下乡锻炼的，而且无一例外，他们都在基层的工作中遭遇了同龄人尤其是城市里长大的孩子无法想象的困苦和艰辛……

这些品学兼优的学霸，所学专业不同，来自全国不同的地方，生长环境和家庭背景不同，也有着完全不同的性格特点……

他们中的绝大多数都没什么农村生活的经历，面对前所未见的困难，学霸们展现出了特有的韧性与执着。然而他们所采用的解决问题的招数却又迥然不同，并带着他们个人性格的深深烙印……

学霸做事总是带着学霸的特点，就像解题一样，可以思路不同，可以方法各异，但结果和答案却一样。他们在艰苦的环境中，各自施展着本领，之后突围而出，殊途同归地登上自己人生的新平台。

让我们印象特别深的是，几乎每个清华毕业的选调生都不约而同地提到了在母校受到的教导和引领，都提到那句著名的"立大志，入主流，上大舞台"。这句话对他们的影响有多大？在他们人生关键选择的路口，这几乎成了起决定作用的推手。

这部书稿所记述的都是发生在广西的事情，对于整个中国扶贫事业来说，这只是一个缩影。

几年来，全国各地扶贫工作第一线云集了大量青年干部，他们勤勤恳恳、兢兢业业、吃苦耐劳地工作，为国家和人民挥洒着自己的青春与汗水，甚至是献出宝贵的生命。

我们曾在云南见过一个扶贫工作队的女孩子，是一个漂亮的"富二代"，为了劝说住在高山顶上的几户少数民族贫困户搬迁到山下安置房，一次次爬上高山，去贫困户家里做动员劝说工作。那条山路崎岖陡峭，正常成年男子单程爬上去一趟至少要四个多小时，往返一次几乎一天。可那个山顶小寨子，这个女孩子已经上去了六次，目的还没有达成，她正准备上去第七次……

人生之路无非就是一个又一个的岔路口，要你做一次又一次的选择，你这次的选择决定了你的下一段路的风景，以及之后遇到的岔路……

我们采访的这些年轻人在面对高潮和低谷的时候，他们的处理方式有很多发人深省的地方。

看看别人，想想自己，会有启发的。

顺风顺水、一时风光之后呢？

有时候感到困顿，可能是你的姿势不对，是你蜷缩着，甚至匍匐着，所以看不到哪里有光，这时也许你好好积蓄，运足力气，然后奋身一挣，哗啦啦站起，眼前就豁然开朗了……

我们写下这些故事，希望带给更多的人一些思考。

深深地感谢外文出版社，感谢当初果断立项使得终有此书的总编辑胡开敏，感谢在出版过程中辛苦工作的责任编辑熊冰頔。

深深地感谢广西壮族自治区党委组织部、宣传部相关领导的大力支持。

深深地感谢南宁、崇左、钦州、梧州、来宾、百色等市委组织部相关工作人员的大力协助。

深深地感谢中国人保财险广西分公司陈会养总经理，在采访过程中给予的大力协助和支持。

深深地感谢所有接受我们采访的定向选调生，他们每个人都那么直率坦承，跟我们如挚友一样倾谈，为我们的书稿贡献了无数生动真实的内容。

本书的完稿目录上原本会有更多的选调生，但因为篇幅原因，这些同样精彩的人生故事没能在这部书稿中一一呈现。这其中有担任北大第一批选调生队长的王锋，有所有选调生中第一批下基层挂职第一书记、并最先成长为县级领导干部的宫晓领，有带着两岁儿子勇敢下乡担任第一书记的美女妈妈杨洋，还有率性快乐的90后大男孩李洋月，以及清华毕业的刘鹏，北大毕业的卢军静，等等。在表达遗憾的同时再次对他们表示深深的感谢。

最后还要特别感谢凌云县的吴先毅书记，上林县的卢炜书记，以及所有接受过我们采访的基层干部、村民和选调生家属，他们质朴真实生动的讲述，为我们的书稿补充了许多令人难忘的细节。

作者

2021年7月

图书在版编目 (CIP) 数据

了不起的年轻人：从顶尖学府到基层一线的扶贫故事 / 王虹，章小龙著. — 北京：外文出版社，2021.10
ISBN 978-7-119-12878-8

Ⅰ.①了… Ⅱ.①王… ②章… Ⅲ.①扶贫 – 案例 – 中国 Ⅳ.① F126

中国版本图书馆 CIP 数据核字 (2021) 第 211864 号

出版策划：胡开敏
责任编辑：熊冰頔
装帧设计：北京正视文化艺术有限责任公司
印刷监制：章云天

了不起的年轻人：
从顶尖学府到基层一线的扶贫故事

王虹 章小龙 著

© 2021 外文出版社有限责任公司

出 版 人：	胡开敏
出版发行：	外文出版社有限责任公司
地　　址：	中国北京西城区百万庄大街 24 号　　邮政编码：100037
网　　址：	http://www.flp.com.cn　　电子邮箱：flp@cipg.org.cn
电　　话：	008610-68320579（总编室）
	008610-68996144（编辑部）
	008610-68995852（发行部）
印　　刷：	北京盛通印刷股份有限公司
开　　本：	710mm×1000mm　1/16
字　　数：	200 千字　印　张：18.25
装　　别：	平装
版　　次：	2021 年 11 月第 1 版第 1 次印刷
书　　号：	ISBN 978-7-119-12878-8
定　　价：	78.00 元

版权所有 侵权必究 如有印装问题本社负责调换（电话：010-68329904）